Deuxième Liste de

Lectures de l'Enfance chrétienne

OUVRAGE COURONNÉ

PAR LA

SOCIÉTÉ NATIONALE D'ENCOURAGEMENT AU BIEN

30 *juin* 1901.

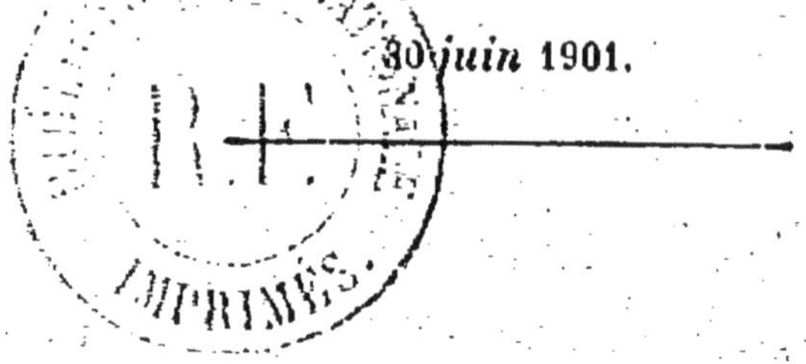

ENSEIGNEMENT CHRÉTIEN

DIEU, PATRIE, FAMILLE.

LE DEUXIÈME LIVRE DE LECTURE

DE

L'ENFANCE CHRÉTIENNE

Neuvième Édition.

PROPRIÉTÉ DES AUTEURS

ÉVÊCHÉ
DU
MANS
—

Ce 24 Juillet 1904.

Nous recommandons de nouveau et bien volontiers les ouvrages de **Lectures primaires** de M. H[te] DUMARCHÉ, sûr que nous sommes de l'esprit chrétien qui les anime et du dévouement éclairé de leur respectable auteur à la jeunesse.

† MARIE-PROSPER,
Évêque du Mans.

ÉVÊCHÉ
DE
VIVIERS
—

†

Viviers, le 30 Octobre 1904.

Nous avons parcouru les ouvrages de **Lectures primaires** de M. H. DUMARCHÉ. Nous les trouvons excellentes au point de vue pédagogique et absolument irréprochables au point de vue moral.

Nous les recommandons bien volontiers aux premiers maîtres de l'enfance.

† J.-M. FRÉDÉRIC,
Évêque de Viviers.

ÉVÊCHÉ
DE
VERSAILLES
—

†

Versailles, le 16 Février 1907.

Les **Lectures primaires** de M. H. DUMARCHÉ témoignent de la grande expérience de leur auteur et de son dévouement à l'enfance. Ce livre, placé entre les mains des jeunes élèves, les intruira et contribura puissamment à leur éducation morale.

Nous les recommandons bien volontiers.

† CHARLES,
Évêque de Versailles

ENSEIGNEMENT CHRÉTIEN

DIEU, PATRIE, FAMILLE.

LE DEUXIÈME LIVRE DE LECTURE DE L'ENFANCE CHRÉTIENNE

PAR

H. D. — F. A.

Lauréat de diverses Sociétés

JÉSUS BÉNISSANT LES ENFANTS

PARIS - LILLE

A. TAFFIN-LEFORT, ÉDITEUR, IMPRIMEUR

PRÉFACE

Le rapide écoulement des huit premières éditions de ce **Manuel** *nous est une preuve qu'il répond au vœu des membres de l'enseignement chrétien et que le but que nous nous sommes proposé en le mettant entre les mains des enfants est atteint :*

Rendre la lecture intéressante et instructive.

Pour acquiescer au vœu de plusieurs membres de l'enseignement, qui trouvaient ce volume un peu court, nous avons augmenté celui de la **9me édition.**

Quelques leçons ont été modifiées et quelques autres y ont été ajoutées.

Par suite de cette amélioration, nous avons dû hausser le prix du volume, tout en le laissant bien au-dessous des manuels similaires.

Comme dans les éditions précédentes, pour faci-

liter la tâche du maître et celle de l'élève, nous conservons, dans la première partie, la forme adoptée dans les dernières pages de notre **Syllabaire,** *c'est-à-dire les caractères gras et la séparation des syllabes.*

Nous souvenant que nous parlons à de tout jeunes enfants et que nous devons tout à la fois développer leur intelligence, former leur cœur et leur rendre la lecture intéressante, nous avons composé ce volume de quelques notions très simples de morale et de leçons de choses, suivies de nombreuses histoires, toutes propres à atteindre ce triple but.

Pour le rendre plus complet, nous y avons ajouté quelques poésies dues à divers auteurs bienveillants. Ces petits morceaux de débit pourront servir de récitation ou de lecture d'ensemble.

Afin de familiariser les petits enfants avec les premiers éléments de la Grammaire et du Calcul, nous avons ajouté quelques exercices à la fin des leçons, quand l'espace l'a permis.

Enfin, nous avons accompagné le tout de nom-

breuses et belles gravures qui, tout en rehaussant la beauté du volume, permettent néanmoins de le laisser à un prix bien modéré.

Puisse ce nouveau gage de l'intérêt que nous portons à la grande œuvre de l'enseignement chrétien, être béni du bon Dieu et porter les fruits que nous osons espérer.

Nous avons été heureux de voir nos **Manuels** *bénis par NN. SS. les Évêques du Mans, de Viviers et de Versailles, et recommandés aux maîtres chrétiens de diocèse.*

C'est une précieuse garantie pour nos ouvrages et un grand encouragement dans notre apostolat pour la propagation des bons livres.

H. D.

PRE MIÈ RE PAR TIE

LEC TU RE SYL LA BI QUE

1re Le çon.

Un nou veau li vre.

Voi ci un nou veau li vre !

C'est le deu xiè me que l'on me don ne.

Pa pa et Ma man se ront bien con tents quand je le leur mon-tre rai.

Ils ver ront que leur en fant s'ap pli que bien à l'é co le.

Ce li vre est plus gros que le pre mier ; c'est qu'il a plus de pa ges.

Il con tient de bel les gra vu res.

J'ai me bien les gra vu res, par-ce qu'el les me font com pren dre la le çon.

Il y a beau coup de le çons, mais el les sont cour tes ; ain si on ne s'en nuie pas.

Ce li vre ren fer me bien des cho ses : aus si, je le li rai sou vent et a vec a tten tion.

Aux le çons, il joint de bons con seils : je m'ef for ce rai de les sui vre, a fin d'ê tre tou jours sa ge.

Ain si le bon Dieu me bé ni ra, mon maî tre m'ai me ra, et mes pa rents se ront heu reux à cau se de leur en fant.

2me Le çon.

Le pre mier jour de cla sse d'É mi le.

Co mme il l'a vait pro mis à É mi le, son pa pa le con dui sit à l'é co le, a près les va can ces.

Le pe tit gar çon eut le cœur bien gros, quand il vit son pa pa s'en re tour ner et le lai sser seul au mi lieu de beau coup d'au-tres pe tits gar çons.

Mais ceux-ci é taient bons ; voy ant en lui un nou veau

con dis ci ple, ils lui fi rent bon a ccueil, le con so lè rent et l'in vi tè rent à par ta ger leurs jeux.

É mi le eut bien tôt la con fi an ce de ses ca ma ra des ; il é tait d'a illeurs si gen til et si pro pret sur sa per son ne qu'on l'ai mait en le voy ant.

Son pro fes seur lui té moi gna beau coup d'a ffec tion et l'en ga gea à ê tre bien sage et bien a ppli qué.

É mi le pro fi ta si bien de ces con seils que, le pre mier jour, il ap prit le nom des six voy el les : **a, e, i, o, u, y**, et ga gna plu sieurs bons points.

Quel ques jours a près, il

nommait sans trop se tromper, les dix-neuf consonnes de l'alphabet : b, c, d, f, g, h, j, k, l, m, n, p, q, r, s, t, v, x, z, et lisait passablement les mots de syllabes simples, comme celles-ci : papa, canari, vérité, Jérôme a été malade.

Émile savait aussi ses prières et les récitait avec beaucoup de piété.

Le sort d'Émile vous fait envie, chers enfants ; car, comme lui, vous venez à l'école pour vous instruire.

Eh bien ! venez écouter les leçons de vos maîtres. Vous acquerrez la sagesse et la science; vous deviendrez des enfants dignes de Dieu, de vos bons parents et de vos maîtres.

La première récompense.

Bébé lit très bien sa leçon.
Que faut-il lui donner? Une image? Un bonbon?
Non, dit bébé plus sensé qu'on ne pense,
Un baiser de maman sera ma récompense.

J.-M. VILLEFRANCHE.

Le genre.

MASCULIN	FÉMININ
Le, un.	*La, une.*
Le père,	La mère,
le grand-père,	la grand'mère,
le frère,	la sœur,
l'oncle.	la tante.
Le ou *un* devant un nom indique le masculin.	*La* ou *une* indique le féminin.

3me Le çon.

Le Pè re.

De bon ma tin, pa pa se rend à son tra vail pen dant que je dors en co re.

C'est que pa pa est le chef de la fa mi lle, et il pour voit à ses be-soins.

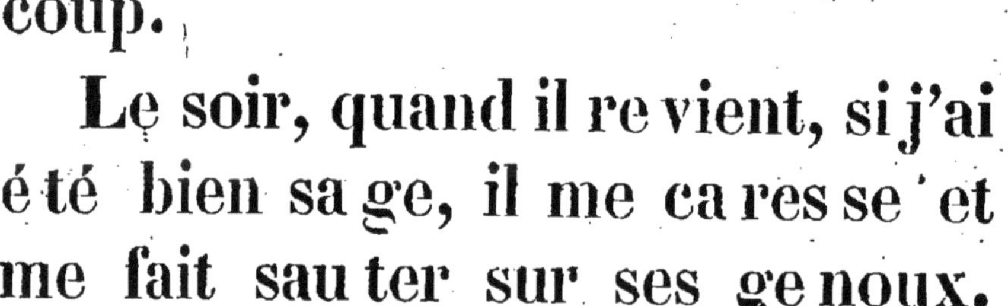

Co mme pa pa est au ssi, très bon, il nous ai me beau-coup.

Le soir, quand il re vient, si j'ai é té bien sa ge, il me ca res se et me fait sau ter sur ses ge noux.

Le di man che, a près a voir

assisté aux offices de l'Église, il me mène en promenade.

Il m'achète souvent des jouets ; il m'apprend à m'en servir et joue quelquefois avec moi.

Il m'a promis un cheval mécanique le jour où je lirai couramment.

Il me donne aussi des leçons toutes les fois qu'il en a le temps.

C'est lui qui a choisi mon école et qui paye le Maître qui m'instruit.

Comme papa veut que je sois heureux, il fait tout ce qu'il peut pour m'assurer le bonheur.

Parce que j'aime papa et un peu également pour gagner le

jouet promis, je m'appliquerai de mon mieux et j'écouterai bien les observations de mon Maître.

La sévérité paternelle.

Qu'il en coûte d'être sévère !
Tâche, ami, de te souvenir
Du chagrin que se fait ton père
Quand il faut gronder ou punir

V. DE LAPRADE.

Le respect pour ses parents.

Pour vivre longtemps sur la terre
Honore ton père et ta mère ;
C'est ce que votre loi, Seigneur, commande à tous,
Pour respecter son père à l'égal de vous-même,
Pour aimer tendrement la mère qui nous aime,
Faut-il donc un ordre de vous,
Quand pour l'enfant pieux votre bonté suprême
Rend déjà le devoir si doux ?

Mme TASTU.

4me Leçon.

La Mère.

Si mon pa pa est bon, ma ma man est bien bon ne au ssi.

C'est el le qui prit soin de moi quand j'é tais tout pe tit.

El le me por tait sur ses bras, me pres sait sur son cœur, m'a ppre nait à par ler, à mar cher, à fai re le si gne de la croix.

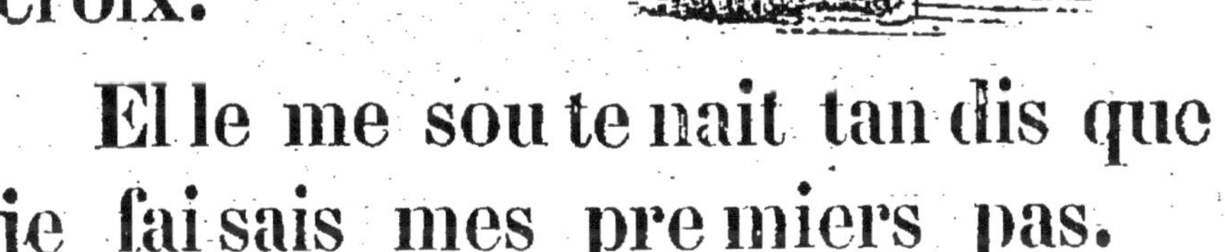

El le me sou te nait tan dis que je fai sais mes pre miers pas.

Quand j'é tais fa ti gué, el le me cou chait dans mon ber ceau et chan tait pour m'en dor mir.

Si je pleu rais, el le é tait là pour me con so ler et sé cher mes lar mes.

C'est el le qui m'a pprit à me ser vir de mes mains pour man-ger, m'ha bi ller et pour tra-va iller.

C'est el le en co re qui con ti-nue mon é du cation, m'a pprend à pri er le bon Dieu, à ê tre sa ge, po li, o bé i ssant, qui m'en cou-ra ge à bien fai re, et me ré com-pen se quand je fais bien.

Quand je me por te bien, el le pour voit à tous mes be soins, mais si je suis ma la de, el le m'en tou re des plus ten dres soins.

J'ai me rai tou jours ma ma-

man, et je ne fe rai ja mais rien qui pui sse l'a ttris ter.

Un en fant qui ai me bien sa mè re est bé ni du bon Dieu.

La maman.

I. Qui nous aime dès la naissance?
Qui donne à notre frêle enfance
Son doux, son premier aliment?
C'est la maman.

II. A nous rendre sages qui pense?
Qui jouit de la récompense
Et s'afflige du châtiment?
C'est la maman.

III. Aussi, qui devons-nous sans cesse
Bénir pendant notre jeunesse.
Chérir jusqu'au dernier moment?
C'est la maman.

Mme A. Tastu.

5me Le çon.

La Fa mi lle.

La fa mi lle se com po se du pè re, de la mè re et des en fants.

Mon pè re et ma mè re sont mes pa- rents.

Le pè re et la mè re de mes pa rents sont mes grands-pa- rents ou mes a ïeuls.

Le pè re et la mè re de mes grands-pa rents sont mes bi- sa ïeuls.

Dans u ne même fa mi lle, on voit par fois les en fants, le pè re et la mè re, les a ïeuls et mê me les bisaïeuls, ce qui fait quatre générations.

Les enfants d'une même famille sont frères et sœurs.

Pour les distinguer, on leur donne un nom : Louis, Pierre, Georges, Marie, Lucie, Marthe, Berthe.

Moi, je m'appelle Gustave, mon frère Georges, et ma sœur Berthe.

Les frères de mon père et de ma mère sont mes oncles.

Je suis leur neveu, ma sœur est leur nièce.

Les sœurs de mon papa et de ma maman sont mes tantes.

Je suis encore leur neveu et ma sœur est leur nièce.

Les enfants de mon oncle et de ma tante sont mes cousins germains.

En dehors de ces liens de parenté, nous sommes tous enfants du même Dieu, qui est notre Père, et les frères de Jésus-Christ, Notre Seigneur et Sauveur du monde.

Quand, dans une famille, le père vient à mourir, la mère est veuve; si c'est la mère qui meurt, le père est veuf.

Il arrive quelquefois que le père et la mère meurent; alors les enfants sont orphelins.

C'est un bien grand malheur, chers enfants de perdre ses parents, surtout dans le bas âge.

Pri ez le bon Dieu de vous con ser ver long temps vo tre pa pa et vo tre ma man.

Le nombre[1].

SINGULIER *un seul*	PLURIEL *plusieurs*
La maison,	Les maison**s**,
le jardin,	les jardin**s**,
la plume,	les plume**s**,
le cahier,	les cahier**s**,
la chaise,	les chaise**s**,
ma règle,	mes règle**s**,
mon livre,	mes livre**s**,
ton canif,	tes canif**s**,
notre maître,	nos maître**s**,
votre jardin.	vos jardin**s**.

Paul est un bon élève.

Paul et Louis sont de bon**s** élève**s**.

---

1. Le Maître donnera les notions élémentaires du nombre.

6me Le çon.

Dieu.

Vous de vez a ssu ré ment beau-coup, chers en fants, à vo tre pa pa et à vo tre ma man ; mais vous de vez en core plus au bon Dieu, car sans Lui vous ne se riez pas.

Lors que vous é tiez en co re tout pe tits, vo tre ma man vous par lait du bon Dieu et vous a ppre nait à le pri er.

C'est qu'il est no tre Cré a teur, no tre Pè re, et que sans Lui nous ne pou vons rien.

C'est Dieu, chers en fants, qui a fait le beau ciel qui est au-de ssus de nos tê tes.

C'est Lui qui l'a se mé de nom-breu ses é toi les.

Qui a dit au so leil d'é clai rer la ter re pen dant le jour et à la lu ne de l'é clai rer pen dant la nuit ? C'est Dieu.

C'est Dieu, en fants, qui mû-rit les moi ssons et nou rrit les a ni maux.

C'est Lui qui a re vê tu le pe tit mou ton de sa blan che toi son, l'oi seau de son ri che plu ma ge, qui a do nné à la va che ce bon lait si pré cieux, à la pou le ces œufs si u ti les.

C'est Dieu qui a do nné à l'ho mme u ne in tel li gen ce pour le con naî tre, un cœur pour l'ai-mer et u ne vo lon té pour le ser vir.

Aimez Dieu de tout votre cœur et de toute votre âme. C'est là le premier commandement.

Comment aller au bon Dieu.

« Petit enfant à tête blonde.
Dis : où crois-tu qu'est le bon Dieu ?
— Mais... Il est partout dans le monde
Et puis là-haut, dans le ciel bleu.

A ces demeures éternelles
Ne pourrons-nous jamais aller ?
— Il nous faudrait avoir les ailes
De l'oiseau qui va s'envoler.

— Vers ces demeures éternelles,
Pour s'élancer en liberté,
Enfant, il faut avoir deux ailes,
L'innocence et la piété. »

Mlle Anaïs F.

7me Le çon.

Les frè res et les sœurs.

Mon pa pa et ma ma man ne sont pas seuls à la mai son ; il y a en co re nous, les en fants.

Nous so mmes trois dans no tre

fa mi lle : Lé on Ju lie, et moi, Geor ges.

Lé on est mon frè re aî-né ; il est dé jà bien grand et tra vai lle a vec pa pa.

Ma sœur a deux ans de plus que moi ; el le lit et é crit a ssez bien.

Elle commence à tricoter, à coudre; elle a déjà fait plusieurs robes à sa poupée; il est vrai que maman a coupé les pièces et l'a aidée un peu

Je suis le plus jeune de la famille, et, à cause de cela, tout le monde m'aime bien.

Nous aimons beaucoup notre papa et notre maman, car ils sont bien bons pour nous.

J'aime bien mon frère Léon qui m'enseigne l'écriture et le calcul.

J'aime aussi ma sœur, parce qu'elle m'apprend mes prières et la manière de les bien dire.

Maman assure que le bon

Dieu nous bénira tant que nous unos aimerons bien.

Alors, ce sera toujours ; car nous ne cesserons pas de nous aimer les uns les autres.

Conseils à un enfant.

Oh ! bien loin de la voie
Où marche le pécheur,
Chemine où Dieu t'envoie !
Enfant, garde ta joie !
Lis, garde ta blancheur !
Sois humble ! que t'importe
Le riche et le puisssant ?
Un souffle les emporte ;
La force la plus forte,
C'est un cœur innocent.

V. HUGO.

8me Le çon.

L'é co le.

La mai son où les en fants se ré u ni ssent pour s'ins trui re se no mme é co le.

Dans mon é co le, il y a plu-sieurs cla sses et ma cla sse est la der niè-re ; el le est fort gran de et fort bel le.

Il y a deux por tes et qua tre fe nê tres.

Dans la cla sse, il y a des ta bles, des bancs pour les é lè ves, et un bu reau pour le Maî tre.

C'est de vant le Christ, que

nous avons en face, que nous travaillons.

Les plus petits lisent sur les tableaux et écrivent sur des ardoises avec des touches.

Les enfants qui vont à l'école se nomment écoliers ou écolières; ils forment une grande famille et doivent s'aimer les uns les autres.

Il faut fréquenter ceux qui sont sages et fuir ceux qui sont vicieux.

La Renoncule et l'Œillet.

La Renoncule un jour dans un bouquet,
Avec l'Œillet se trouva réunie ;
Elle eut le lendemain le parfum de l'Œillet.
On ne peut que gagner en bonne compagnie.

BÉRANGER.

9me Le çon.

Le bon é co lier.

Le bon é co lier a rri ve à l'é co le à l'heu re; il ne s'ab sen te ja mais sans né ces si té et sans per mis si on ; il é cou te a vec a tten tion les le çons du Maî tre ; il rem plit tous ses de voirs a vec e xac ti tu de.

En cla sse, il ne cau se pas, et ne re gar de pas de côté et d'au tre.

En ré cré a tion, il joue a vec ses ca ma ra des, mais il ne se fâ che pas, quoi qu'il a rri ve.

Ses li vres et ses ca hiers sont

bien tenus; sa figure, sa tête, ses mains sont toujours bien propres.

Tous ses camarades le chérissent et aucun ne voudrait lui faire de la peine.

Le Maître a remarqué que les élèves qui le fréquentent deviennent plus sages et sont portés à mieux faire.

On ne saurait être méchant devant quelqu'un qui est bon.

La vertu, comme la violette, répand un doux parfum que tout le monde recherche et que personne ne voudrait offenser.

Il vient en classe et s'en retourne sans traîner dans la rue.

A la maison il est bon, prévenant pour ses frères et ses sœurs ; il les aime tous tendrement et partage volontiers avec eux, tout ce qu'il a.

Je serai toujours bon élève.

De l'Adjectif [1].

Mon papa est content de moi.
Ma maman est contente de moi.
Un fruit mûr et savoureux.
Une pêche mûre et savoureuse.
Un vent froid et glacial.
Une pluie froide et glaciale.
Cet homme est méchant et colère.
Cette femme est méchante et colère.
Le mouton est doux et craintif.
La brebis est douce et craintive.
Voilà un petit garçon bien attentif.
Voilà une petite fille bien attentive.

---

[1] Le Maître donnera les premières notions de l'adjectif.

10me Le çon.

Le mau vais é lè ve.

Le mau vais é lè ve a rri ve tou- jours en re tard ; il s'ab sen te sou vent et sans per mi ssi on.

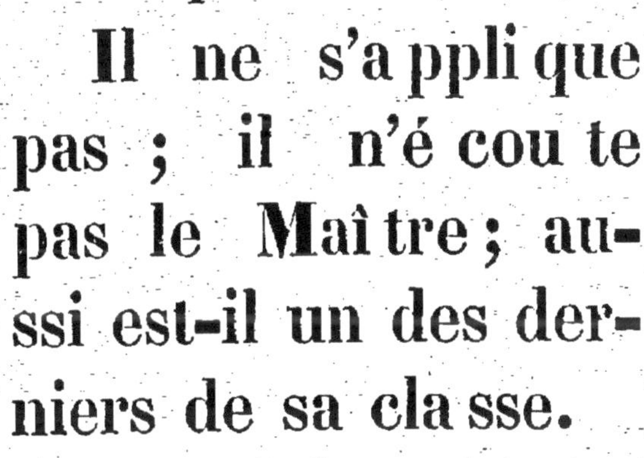

Il ne s'a ppli que pas ; il n'é cou te pas le Maî tre ; au- ssi est-il un des der- niers de sa cla sse.

En cla sse, il cause fa ci le ment a vec son voi sin de droi te et de gau che; il re gar de de cô té et d'au tre et n'é cou te pas les le çons de son Maî tre.

En ré cré a ti on, il ta qui ne ses ca ma ra des, il se fâ che pour des riens, aussi personne ne veut jouer avec lui.

Ses livres, ses cahiers, ses habits sont mal tenus.

Ses mains, sa figure, sont rarement propres.

A la maison, loin d'imiter le bon élève, il taquine ses frères et ses sœurs ; il leur fait des niches, et souvent sa maman est obligée de le rappeler à l'ordre.

Quand il reçoit quelque chose, il le cache ou le garde pour lui, sans penser aux autres.

Aussi on dit de lui : X. est un petit égoïste, il ne pense qu'à lui, c'est un mauvais cœur.

Au lieu d'aller de suite à la maison, il s'attarde dans les rues.

court a près les voi tu res, dé gra de les mai sons, cra yo nne sur les murs, so nne aux por tes, jet te des ca illoux, s'a mu se a vec des en fants vi ci eux.

Il ne tar de ra pas à de ve nir co mme eux.

Dis - moi qui tu frè quen tes, je te di rai qui tu es.

Azor et Turc.

Ensemble Azor et Turc rôdaient dans la cuisine.
Un rôti disparaît ; c'est Azor qui l'a pris ;
Mais il file et c'est Turc innocent qu'on échine.
Bon Turc, une autre fois, choisis mieux tes amis.

J.-M. VILLEFRANCHE.

11me Le çon.

Le Maî tre.

Vos pa pas et vos ma mans, chers en fants, vous é lè vent, vous nou rrissent et vous ha bi llent ; mais ils ne peu vent pas tou jours vous ins-trui re.

A lors, ils vous en voient à l'é-co le.

Les pe tits gar çons et les pe-ti tes fi lles vont d'a bord à l'a si le, où on leur a pprend de fort bel les cho ses.

De là, les pe tits gar çons et les pe ti tes fi lles sont en voy és, soit aux écoles libres, soit aux écoles communales.

A la tête de chaque école et de chaque classe se trouve un homme chargé d'instruire les enfants et de les guider dans la voie du bien.

Écoutez-le, chers enfants, car il est pour vous un ami.

Il tient la place de vos parents, et il doit vous apprendre à aimer et à servir Dieu.

Il veut votre bien, même quand il vous gronde ou vous punit.

Je respecterai mon Maître et je lui obéirai, car il remplace mes parents et il m'enseigne la sagesse.

12me Le çon.

Les bons an ges.

Il est a rri vé quel que fois, chers en fants, quand vous é tiez bien sa ges, que vo tre ma man vous a ppe lait son pe tit an ge.

C'est qu'il y a au ciel, à cô té du bon Dieu, un grand nom bre d'an ges, o ccu pés à chan ter ses lou an ges et à e xé cu ter ses or dres.

Les an ges n'ont pas de corps : ce sont de purs es prits, co mme no tre â me, et ils po ssè dent des qua li tés pré ci eu ses.

Les an ges sont bien plus beaux

que tout ce que nous pouvons voir et imaginer sur la terre.

Il y a des anges que le bon Dieu a chargés de veiller sur nous et de nous garder ; nous les appelons anges gardiens.

Ils nous aiment beaucoup ; ils veulent notre bonheur, et, sans cesse, le jour et la nuit, ils veillent sur nous et nous excitent à être bien sages.

Aimez votre ange gardien, chers enfants, et ne faites rien qui puisse lui déplaire.

Invoquez-le dans vos peines et toujours il vous assistera.

13me Le çon.

Les bons an ges.

HIS TOI RE

Une bo nne ma man pri ait sou vent les an ges gar diens de ses en fants.

Un soir, pen-dant qu'el le va-quait à son mé-na ge, el le en tend ces pa ro les : Va voir Bébé !

Bé bé dort, se dit-el le, je l'ai cou ché tan tôt ; et el le con-ti nu a sa be so gne.

La voix se fit en ten dre de nou veau et plus fort.

La mère n'y fit pas attention.

Enfin, une troisième fois et avec plus de force, elle entendit : Va voir Bébé !

Elle n'y tient plus alors ; elle court au berceau de son fils.

Horreur ! le chat s'était introduit dans la chambre où dormait Bébé et s'était couché sur sa poitrine.

Encore un peu et l'enfant eût été étouffé.

La mère comprit alors que la voix qui l'appelait avec tant d'instance était celle de l'Ange gardien de son enfant.

En reconnaissance de cette miraculeuse protection, elle fit brûler un beau cierge en l'honneur du bon ange de son enfant, et sa dévotion aux saints anges ne fit qu'augmenter.

Prière à l'Ange gardien.

Veillez sur moi, quand je m'éveille,
Bon ange, puisque Dieu l'a dit ;
Et chaque nuit, quand je sommeille,
Penchez-vous sur mon petit lit.

Ayez pitié de ma faiblesse ;
A mes côtés marchez sans cesse ;
Parlez-moi le long du chemin ;
Et, pendant que je vous écoute,
De peur que je ne tombe en route,
Bon ange, donnez-moi la main.

Mme Tastu.

14me Le çon.

Di vi si on du temps.

Les jours de la se mai ne sont : lun di, mar di, mer cre di, jeu di, ven dre di, sa me di et di man che.

Le lun di, mar di, mer cre di, ven dre di et sa me di, les en fants vont à l'é co le.

Le jeu di est jour de con gé.

Le lun di, mar di, mer cre di, jeu di, ven dre di et sa me di sont les jours de tra vail.

Le di man che est le jour de re pos.

Ces six jours de la se mai ne nous rap pel lent que Dieu cré a le mon de en six jours ; le dimanche rappelle le repos qu'il prit après avoir créé le monde ; c'est pour cela qu'il est appelé le jour du Seigneur ou le jour du repos.

Le dimanche, on met ses beaux habits, on va aux offices de l'Église, à la messe, aux vêpres pour prier le bon Dieu et le remercier de ses bienfaits.

Quatre semaines environ font un mois, et douze mois font une année.

L'année est le temps que met la terre à tourner autour du soleil.

Cent années font un siècle.

Nous sommes au vingtième

siècle de la naissance de Notre Seigneur Jésus-Christ.

Les douze mois de l'année sont : janvier, février, mars, avril, mai, juin, juillet, août, septembre, octobre, novembre, décembre.

Trois mois continus font un trimestre, et six mois un semestre.

Trois mois font encore une saison.

Il y a quatre saisons dans l'année : le printemps, l'été, l'automne et l'hiver.

L'année se divise encore en 365 jours, le jour en 24 heures, l'heure en 60 minutes, la minute en 60 secondes.

Tous les quatre ans, l'année est bissextile, c'est-à-dire qu'elle a **366** jours ; alors le mois de février a **29** jours au lieu de **28**.

Pour marquer les heures et les minutes, on se sert d'horloges et de montres.

Les jours, les semaines, les mois, les années passent rapidement.

Le temps passé ne revient plus.

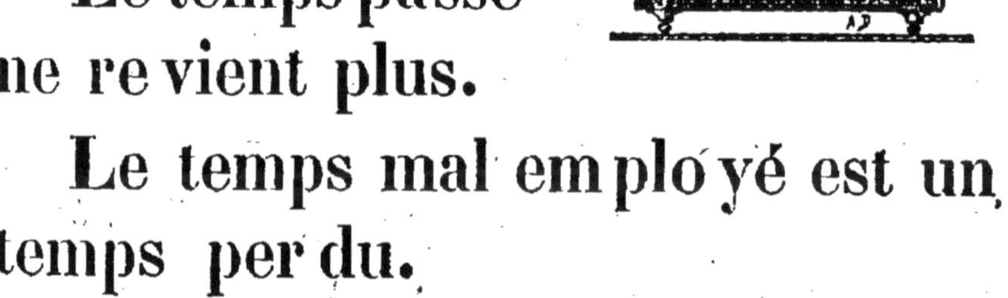

Le temps mal employé est un temps perdu.

Le temps à venir ne nous appartient pas.

L'ins tant pré sent seul est no tre bien ; a ppli quons - nous sans ce sse à le bien em plo yer.

En fants pro fi tez du temps que le bon Dieu vous do nne pour vous ins trui re et ac qué rir la sa ges se.

Image de la vie.

« Où va ce volume d'eau
Que roule ainsi ce ruisseau ?
Dit un enfant à sa mère,
Sur cette rive si chère
D'où nous le voyons partir
Le verrons-nous revenir ?
—Non, mon fils, loin de sa source,
Ce ruisseau fuit pour toujours ;
Et cette onde, dans sa course,
Est l'image de nos jours. »

Mme TASTU.

15me Le çon.

Les Re pas.

Il faut man ger pour vi vre, mê me plu sieurs fois par jour, ain si le veut no tre san té.

Le ma tin, on dé jeu ne au ca fé au lait ou à la sou pe.

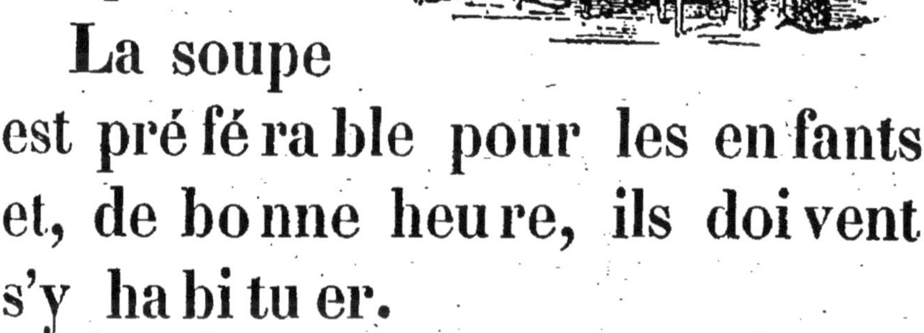

La soupe est pré fé ra ble pour les en fants et, de bo nne heu re, ils doi vent s'y ha bi tu er.

La tar ti ne bien beu rrée ou cou ver te de con fi tu re, grâ ce aux soins de vo tre bo nne maman, vient en sui te et com plè te vo tre pre mier re pas.

A près la cla sse du ma tin, a lieu le dî ner.

Ve nez, chers en fants, et voy ez tout ce que le bon Dieu vous en-voie : u ne bo nne sou pe, de la vian de, des lé gu mes, du des-sert..., des fruits, par fois de la pâ ti sse rie.

A près la cla sse du soir, vers qua tre heu res et de mie, on goû te. Tou jours la tar ti ne et quel ques fruits, quand c'est la sai son.

Vers sept heu res, le sou per. Tou te la fa mi lle se trou ve de nou veau ré u nie au tour de la ta ble cou ver te des mets que le Sei gneur nous do nne.

Avant et après le repas, je ferai toujours le signe de la croix pour remercier le bon Dieu de la nourriture qu'il a bien voulu me donner.

DU VERBE.

Verbe être.

Indicatif (maintenant).

Je suis sage,
Tu es sage,
Émile est sage,
Nous sommes sages
Vous êtes sages,
Émile et Louis sont sages,
Émilie et Louise sont sages.

ooo

16me Leçon.

Les Jeux.

A l'école on n'étudie pas tout le temps, ce serait trop fatigant.

Il y a des moments où l'on joue : c'est la récréation.

Combien de jeux savent les petits garçons et les petites filles !

Ici, c'est la toupie; là, les billes, le saute-mouton, les chevaux, les barres, la balle, le ballon, le cerceau, etc.

Les petites filles jouent au

co lin - ma illard, à la main chau de, à la sou ris, à la cor de, à la ra quet te, etc.

Je m'a mu se rai bien, mais je ne dis pu te rai pas a vec mes ca ma ra des.

Je ne boi rai pas d'eau froi de quand j'au rai bien chaud ; car c'est dan ge reux.

Le jeu est la ré com pen se du tra vail ; les pa res seux ne de-vraient pas s'a mu ser.

Ce lui qui a in ven té les ré-cré a ti ons a fait u ne bo nne cho se, di sait un é lè ve ; quand nous a vons bien jou é, nous so mmes plus sa ges et nous tra-va illons mieux.

17me Le çon.

Le Cou teau.

Pa pa m'a do nné un jo li cou teau.

Mon cou teau a u ne la me en a cier et un man che en cor ne.

La la me se fer me et s'ou vre à vo lon té.

Un re ssort tient la la me ou-ver te ou fer mée.

Un cou teau est un ou til pré-ci eux.

Dans cer tains cou teaux la la me est poin tue ou ron de, dans d'au tres, elle est re cour-bée. Les ser pet tes ont la la me re cour bée.

On tient le cou teau de la main droi te.

A vec le cou teau, on cou pe la vian de, le pain, le fro ma ge, cer-tains fruits, etc.

C'est le cou te lier qui fait les cou teaux.

Le re mou leur ai gui se les cou-teaux, les ci seaux, les ra soirs, etc.

Les ra soirs ser vent à cou per la bar be.

Pa pa a deux ra soirs; le per ru-quier ou coi ffeur en a plu sieurs.

Ma man a u ne bel le pai re de ci seaux.

Ma sœur Zo é cou pe, avec ses ci seaux, des é to ffes pour ha bil ler sa pou pée.

Il est tou jours dan ge reux de s'a mu ser a vec les cou teaux ou au tres ins tru ments tran-chants, on ris que de se bles ser.

Futur (demain)

Je serai sage,	Nous serons sages,
Tu seras sage,	Vous serez sages,
Léon sera sage,	Léon et Jules seront sages,
Léonie sera sage.	Lucie et Julie seront sages.

18me Le çon.

Les Vê te ments.

L'ho mme se cou vre de vê te-ments pour se ga ran tir du froid et de la cha leur.

En hi ver, nous met tons des vê te ments chauds ; en été, des vè te ments plus lé gers.

Bien des mé tiers con cou rent à la fa bri ca tion de nos ha bits.

Le ta illeur fait des pan ta lons, des gi lets, des ves tes, des ves tons, des pa le tots, et des ha bits com-plets.

Le cha pe lier fait les cha peaux.

Le cor do nnier fait des sou liers, les bo ttes et les bo tti nes.

Le bo nne tier fait des bo nnets.

Le che mi sier fait des che mi ses.

La cou tu rière fait des vè te-ments de fem mes.

La mo dis te fait les bon nets des fem mes.

Pour fai re les vê te ments, on em ploie des ti ssus de lai ne, de co ton, de lin, de soie, etc.

Le cuir sert à fai re des chau-ssu res.

Les vê te ments doi vent tou jours ê tre pro pres.

Mes ha bits de cha que jour sont : ma che mi se, mon pan ta lon, mon gi let, ma ves te, ma blou se ou ta-bli er, ma cra va te, ma cas quet te, mes bas ou mes chau sset tes et mes sou liers.

En hi ver, je mets des sa bots, un ca pu chon, un ca che-nez, des gants, etc....

S'il y a de la nei ge, je mets des guê tres.

J'au rai tou jours bien soin de mes ha bits.

———

19me Le çon.

La Mai son.

É tu di ons la mai son et vo yons ce qu'el le con tient. Il y a de gran des et de pe ti tes mai sons.

Les gran des mai sons ont plu sieurs é ta ges : c'est par l'es ca lier qu'on y a rri ve.

Tout au bas de la mai son, sont les ca ves.

Le rez-de-chau ssée est au ni veau de la rue. C'est là que se trou vent la cui si ne, le sa lon et la sa lle à man ger.

Au-de ssus, est le pre mier éta ge, o ccu pé par les cham bres à cou cher.

Au deu xiè me é ta ge sont en co re des cham bres.

Tout au haut sont les man sar des ou gre niers.

La mai son est cou ver te par le toit.

L'es ca lier se com po se de mar-ches, de pa liers et d'u ne ram pe.

En bâ ti ssant la mai son, on a mé na gé des ou ver tu res pour les por tes et les fe nê tres.

C'est par les fe nê tres que l'air et la lu mière en trent dans la mai son.

Dans u ne cham bre, on voit les murs, le pla fond, le plan cher ou par quet, u ne por te, u ne ou plu-sieurs fe nê tres, u ne che mi née et des meu bles pour la gar nir.

Que la mai son soit gran de ou pe ti te, le bon heur s'y trou ve dès qu'on est sa ge.

20me Le çon.

Les Meu bles.

Dans no tre mai son, il y a beau-coup de meu bles.

A la cui si ne, c'est un four neau où maman pré pa re les re pas ; des us ten si les pour fai re cui re les a li-ments : mar mi tes, ca sse ro les, etc.

U ne ta ble pour les dé po ser.

Un pla card où sont les a ssiet tes, les plats, la sou piè re, les cui llers, les four chet tes, les cou teaux, les ver res, la ca ra fe, le mou lin à ca fé, u ne thé iè re, etc.

Au sa lon, il y a des chai ses rem bou rrées, des fau teuils, un ca-na pé, un bu ffet, u ne ta ble, un gué ri don, u ne gar ni tu re de che-mi née, un pi a no, un ta bou ret, etc.

Aux murs sont sus pen dus des ta bleaux et aux fe nê tres des ri-deaux.

Le par quet est cou vert d'un jo li tapis.

Dans les cham bres à cou cher, il y a des lits, des chai ses, un lava-bo, des gla ces, des i ma ges re li-gieu ses un Christ, un bé ni tier, etc.

Dans un lit, il y a un so mmier ou re ssort, un ma te las, un tra-ver sin, un o rei ller, des draps, des cou ver tures, un é dre don, etc.

Le lit est u ne bien bo nne cho se ; on y re po se d'au tant mieux qu'on a é té bien sa ge et qu'on a bien tra va illé.

Fruits du travatl.

Comme la bienfaisante pluie
Féconde la terre en été,
Dieu fit, pour féconder la vie,
Le travail et l'activité.
Ne laissons point d'heure inutile;
Songeons que la paille stérile
Est foulée aux pieds du glaneur ;
Puissent s'amasser nos journées,
Comme les gerbes moissonnées,
Dans le grenier du laboureur !

Mme Tastu.

21me Le çon.

La Por te.

C'est par la por te qu'on en tre dans les mai sons.

La por te est en bois ; c'est le me nui sier qui l'a fai te.

Le ser ru ri er a mis les ser ru res, a fi xé la por te au mur a vec des gonds ou sur un dor mant en bois avec des pen tu res ou des char niè res.

C'est sur les gonds, les pen tu res ou les char-ni è res, que la por te tour ne pour s'ou vrir ou se fer mer.

La por te se fer me a vec un lo quet, un ver rou ou u ne clef.

La por te de ma cla sse est u ne por te vi trée.

C'est le vi tri er qui a po sé les ca rreaux.

Il les a cou pés a vec un di a mant et les a fi xés a vec des clous et du mas tic.

Le ver re a é té fait à la ver-re rie par le ver ri er.

Le ver re ca sse fa ci le ment ; c'est pour ce la qu'il ne faut pas je ter de ca illoux con tre les ca rreaux.

Pen dant la nuit, on fer me les por tes à clef pour em pê cher les vo leurs de ve nir vo ler.

Dans les gran des mai sons, il y a u ne por te co chè re.

La por te co chè re est cel le où pa ssent les voi tu res.

On ne doit pas fai re de bruit en ou vrant ou en fer mant les por tes.

22me Le çon.

La Chai se.

La chai se est fai te par le chai si er.

U ne chai se est un meu ble.

Il y a de gran des et de pe ti tes chai ses.

U ne chai se se di vi se en trois

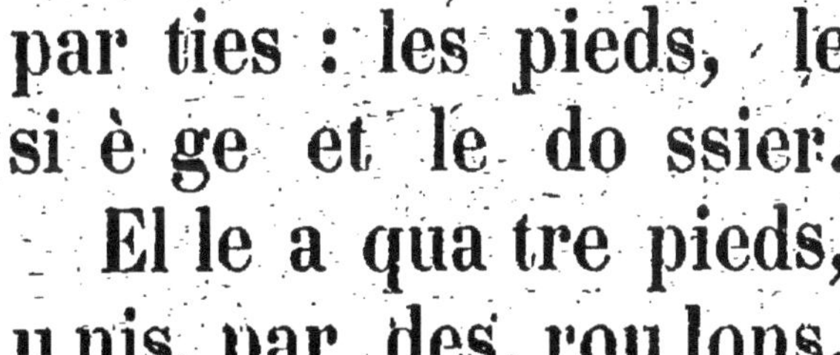

par ties : les pieds, le si è ge et le do ssier.

El le a qua tre pieds, u nis par des rou lons.

Le si è ge est la par-tie où l'on s'a ssied ; il est en jonc, en bois ou en pa ille.

Le do ssier est pour a ppu yer le dos. Il se com po se de deux mon-tants, u nis par des tra ver ses.

La tra ver se du haut est plus lar ge et plus so li de.

Le fau teuil est si è ge de lu xe.

Le ca na pé est au ssi un si è ge de lu xe à plu sieurs pla ces.

Le ta bou ret est un si è ge sans do ssier.

Nous o ffrons u ne chai se à la per son ne qui vient nous voir.

Lors que vous ê tes a ssis, mon en fant, pre nez u ne po si tion na-tu rel le sur la chai se; ne croi sez pas les jam bes; ne les ba lan cez pas; ne re le vez pas les pieds sur les ba rreaux.

Te nez le corps droit, a ppuy é lé gè re ment sur le do ssier et les pieds re po sant à ter re.

De la ma ni è re dont on se tient, é tant a ssis, on fait ju-ger de l'é du ca tion que l'on a re çue.

23me Leçon.

La Lam pe.

A la mai son, il y a plu sieurs lam pes.

Pa pa en a une bel le pour son bu reau.

U ne lam pe se com po se de plu sieurs pi è ces : le pied, le corps, le bec, le ver re, et l'a bat-jour.

Le pied est la par tie sur la quel le re po se la lam pe.

Le corps de la lam pe est la par tie où l'on met l'hui le ou le pé tro le.

Le bec com prend la mè che, qui trem pe dans l'hui le ou le pé tro le.

Pour em pê cher la lam pe de fu mer et de ré pan dre u ne mau vai se o deur, on sur mon te la lam pe d'un ver re.

Le ver re est la che mi née de la lam pe. Pour que la lu mi è re ne fa sse pas mal aux yeux, on pla ce un a bat-jour sur le ver re.

L'a bat-jour mon te ou des cend à vo lon té au moy en d'un re ssort.

A la lam pe de pa pa, il y a deux clefs ; u ne pour mon ter ou des cen dre la mè che et l'au tre pour fai re mon ter l'hui le[1].

Dans la sal le à man ger, il y a u ne bel le sus pen si on pour met tre la lam pe ; la sus pen si on mon et ou des cend à vo lon té.

Ma man a plu sieurs lam pes ;

---

1. On l'appelle Carcel du nom de l'inventeur.

deux pour la cui si ne et u ne belle pour sa ta ble à ou vra ge.

C'est a vec la lam pe de ma man que je fais mes de voirs, ain si que ma sœur Ro si ne.

Ma man nous a dé fen du de tou-cher à la lam pe, par ce que c'est dan ge reux.

On pou rrait met tre le feu. Aus si, nous nous gar dons bien d'y por ter la main.

Ja mais je ne tou che rai la lam pe ni le feu.

Passé défini (hier).

Je fus sage,	Nous fûmes sages,
Tu fus sage,	Vous fûtes sages,
Jules fut sage,	Julie et Léon furent sages,
Julie fut sage,	Jules et Adèle furent sages,

Ces enfants furent sages.

24me Le çon.

Le Beu rre.

Ma man, di sait un jour la gen ti lle A dè le en re ve nant de l'é co le, j'ai ga gné deux bons points.

— C'est bien, mon en fant, et pour te ré com pen ser, je vais t'en do nner un troi si è me.

Et la ma man lui do nna u ne bo nne tar ti ne.

— Mer ci, ma man, de main je t'en a ppor te rai en co re un, peut-ê tre deux.

Pen dant que la mè re con ti nu ait sa cou tu re et que la pe ti te fi lle man geait son goû ter, la mè re lui a dres sa ces quel ques ques tions :

LA MÈ RE. — Ta tar ti ne est-el le bon ne, A dè le?

A DÈ LE. — Oh! ou i, ma man, fort bo nne.

LA MÈ RE. — Sais-tu ce qui la rend si bo nne?

A DÈ LE. — C'est le beu rre que tu as bien vou lu y met tre, ma man.

LA MÈ RE. — Sais-tu d'où vient le beu rre?

A DÈ LE. — Il vient de chez la mar chan de.

LA MÈ RE. — Sans dou te, mais ce n'est pas ce la que je veux di re. Co mment le fait-on?

A DÈ LE. — Je ne sais pas ma man.

LA MÈ RE. — Le beu rre vient du lait.

A DÈ LE. — Co mment cela, ma-man?

LA MÈ RE. — Quand on veut a voir du beu rre, il faut, a près a voir ti ré le lait, le lai sser re po ser quel ques heu res.

Pen dant ce temps, il se for me à la sur fa ce u ne cou che é pai sse : c'est la crè me.

Cet te crè me est ra ma ssée, et c'est a vec el le qu' on ob tient le beu rre.

Pour ce la on met la crè me dans u ne es pè ce de to nne let appe lé ba ra tte; puis, à l'ai de d'un bâ ton, au bout du quel se trou ve un rond de bois, on bat la crè me.

A près u ne heu re en vi ron, la crè me de vient é pai sse : c'est le beu rre. On le la ve, on le met dans des for mes, et il est li vré au co mmer ce.

Voi là, en quel ques mots, mon en fant, l'his toi re du beu rre.

Adèle. — Mer ci, ma man, ma tar ti ne est d'au tant mei lleu re que je sais maintenant d'où vient le beurre et comment on le fait.

DU VERBE

Verbe avoir

Indicatif présent (maintenant).

J'ai une pomme,
Tu as une pomme,
Louis a une pomme,
Louise a une pomme
Nous avons une pomme,
Vous avez une pomme,
Louis et Julien ont une pomme,
Louise et Julie ont une pomme.

Imparfait (autrefois).

J'avais un livre,
Tu avais un livre,
Lucien avait un livre,
Lucie avait un livre,
Nous avions un livre,
Vous aviez un livre.
Ces élèves avaient un livre.

25me Le çon.

Le Pain.

En fants, qui trou vez si bon le pain que vo tre ma man vous don ne, sa vez-vous son his toi re ?

E cou tez bien l'en tre tien qu'un en fant de vo tre â ge eut un jour a vec sa tar-ti ne. Il pou rra peut-ê tre vous ê tre u ti le.

LÉON. — Dis-moi, chè re tar ti ne, d'où viens-tu ?

LA TAR TI NE. — Je viens de bien loin, cher en fant ; car il m'a fa llu près d'un an pour a rri ver j'us qu'a toi.

LÉON. — Oh ! a lors, ton his toi re est lon gue ?

LA TARTINE. — Oui, el le est bien lon gue ; mais, en ta fa veur

1. Entretien figuré.

et pour ne pas la sser ta pa ti en ce, je l'a bré ge rai.

LÉ ON. — Mer ci, ma chè re Tar-ti ne; car je suis pres sé; j'ai des de-voirs à fai re et des le çons à é tu di er.

LA TAR TI NE. — Trois per so nnes ont con cou ru à ma fa bri ca ti on: le **la bou reur**, le **meu ni er**, et le **bou lan ger.**

LÉ ON. — Quel a é té le rô le du la bou reur?

LA TAR TI NE. — Un jour d'au to-mne, le **la bou-reur** prit du blé dans son gre ni er, se ren dit à son champ a vec ses che vaux, pré pa ra la ter re, y se ma le grain, et la bou ra pour en ter rer le grain mo dé ré ment.

Et, comme pour mieux l'en fon-cer dans la ter re, il pa ssa en co re un lourd rou leau. Puis je l'en ten dis par ler ain si :

O Dieu bé nis sez ce grain de blé que je con fie à la ter re ; qu'il lè ve; qu'il vien ne en é pis beaux et bien nou rris, a fin que ma fa mil le trou ve en lui son pain de cha que jour !

La priè re du la bou reur fut en ten due du Ciel.

Quel ques jours a près, le grain le va de ter re, et la ter re, qui pa rai ssait nue au pa ra vant, de vint co mme u ne bel le prai rie.

Les sai sons se suc cé daient. Enfin, par un beau jour d'é té, le grain de blé, de ve nu un bel é pi, en ten dit le la bou reur di re à ses en fants :

Le blé est mûr, ai gui sons les

faucilles ; demain nous commencerons la moisson.

Le blé coupé fut lié en gerbes et jeté dans une machine puissante, pour séparer le grain de la paille.

La paille fut mise en meule et le grain au grenier d'où il avait été tiré, comme semence, l'anée précédente.

Léon. — Merci, chère Tartine, le rôle du laboureur est très beau ; voudrais-tu me dire maintenant, celui du meunier ?

La Tartine. — Volontiers, cher petit.

L'oiseau mange le grain de blé tel qu'il vient de la terre, mais l'homme ne prend que la farine que contient le grain.

Le rôle du meunier est de la séparer de l'enveloppe.

Léon. — Comment fait-il cela ?

La Tartine. — Écoute bien. Un soir, la ménagère dit : Il n'y a de pain que pour quelques jours, et il n'y a plus de farine au grenier.

— Nous irons au moulin, répondit le père.

Le lendemain, en effet, on remplit plusieurs sacs de grains et on partit au moulin.

Là, le meunier prit les sacs, les vida dans une espèce de coffre, et petit à petit, le grain, tombant entre deux grosses pierres, était écrasé et réduit en farine.

Léon. — Qui est-ce qui fait tourner ces pierres ?

La Tartine. — C'est le vent ou l'eau, au moyen de divers engrenages ; c'est pour cela qu'on dit :

moulin à vent ou moulin à eau.

LÉON. — Alors, c'est fini.

LA TARTINE. — Pas encore, mon ami.

Dans le grain moulu, il y a, outre la farine, le son, la pelure ou enveloppe du grain, qu'il faut séparer de la farine. Ce travail se fait dans le blutoir.

Après quoi, on met la farine dans des sacs, et le son dans d'autres; puis on retourne à la maison.

LÉON. — Cette fois, c'est fini ?

LA TARTINE. — Il n'y a plus qu'à faire le pain et à le cuire.

LÉON. — C'est le rôle du boulanger qui commence, n'est-ce-pas ?

LA TARTINE. — C'est cela.

LÉON. — Voudrais-tu m'expliquer le rôle du boulanger ?

LA TARTINE. — Je n'ai rien à te refuser, mon ami.

Revenue du moulin, la farine a été mise dans une grande caisse appelée pétrin, et là, avec de l'eau, on l'a bien délayée, bien battue, et que c'est dur !

Le travail fini, on l'a laissée reposer.

C'était pour peu de temps ; car, quelques moments après, le mitron est venu, il a pris de gros quartiers de pâte, les a mis dans des corbeilles et de là dans le four pour les faire cuire.

Léon. — Dans un four ! pourquoi faire !

La Tartine. — Je viens de le dire : pour faire cuire la pâte. Encore faut-il que le four soit bien chaud pour qu'elle cuise, qu'elle se couvre de cette couche épaisse, nommée croûte et qu'avec le milieu appelé mie, elle forme une miche de pain.

Voilà, cher enfant, mon histoire, l'histoire de cette tartine que ta maman t'a mise tout à l'heure entre les doigts.

Vois, si elle demande du travail et combien tu dois être reconnaissant envers ta maman et envers le bon Dieu, le premier auteur de tout don.

Léon. — Merci, chère Tartine, je n'oublierai pas ta leçon. Et maintenant que je t'ai bien écoutée, tu me permettras de te goûter, n'est-ce pas ?

La Tartine. Oui, certes ! c'est là ma destinée.

Léon. — Merci, et au revoir avec une de tes sœurs.

26me Le çon.

Les Boi ssons.

JU LES, en fant de six ans, li sait sa le çon, lors que, é pe lant le mot boi sson, son pa pa lui de man da ce qu'il si gni fi ait.

JU LES, un peu sur pris, ne sut que ré pon dre.

Son pa pa, pour l'ins trui re, lui fit quel ques ques tions à ce su jet.

LE PA PA. — Dis-moi, Ju les, pour quoi, pen dant le re pas, met-on des bou tei lles sur la ta ble ?

JU LES. — C'est pour boi re, pa pa.

LE PA PA. — Que con tien nent ces bou tei lles ?

Jules. — L'une contient du vin, et l'autre de l'eau.

Le Papa. — Dans tous les pays, le vin est-il la boisson ordinaire ?

Jules. — Mais, oui, papa.

Le Papa. — Pas du tout, mon garçon.

Jules. — Que boit-on alors ?

Le Papa. — Dans le Nord, on boit de la bière ; en Normandie, on boit du cidre.

Jules. — Qu'est-ce que c'est que la bière ?

Le Papa. — C'est de l'eau dans laquelle on a fait fermenter de l'orge, et où l'on a mis du houblon, pour l'empêcher de se corrompre, lui donner du goût et de la force.

Jules. — Et c'est bon, cela, papa ?

LE PAPA. — Mais ex cel lent, et sur tout for ti fi ant.

JU LES. — Et le ci dre, pa pa, qu'est-ce que c'est ?

LE PAPA. — C'est le jus que l'on ti re de cer tai nes po mmes a ppe-lées, pour ce mo tif, pom mes à ci dre.

JULES. — Qu'est-ce que la Nor-man die, où l'on boit le ci dre, pa pa ?

LE PA PA. C'est un ri che pays de Fran ce, u ne de nos plus bel les pro vin ces.

JU LES. — Pour quoi ne bu vons-nous pas du ci dre, pa pa ?

LE PA PA. — C'est que nous ne so mmes pas dans le pays du ci dre, mais dans ce lui du vin.

JU LES. — Vou dri ez-vous, pa pa, me di re comment on fait le vin?

LE PA PA. — Bien vo lon tiers, mon cher Ju les.

Je te di rai d'a bord que c'est un jour de gran de ré jou i ssan ce que ce lui où l'on cou pe les rai sins, c'est-à-di re où l'on ven dan ge.

De bon ma tin, on s'est mu ni de pa niers, de ser pet tes, de cou-teaux, de to nne lets, de cu ves, et l'on est par ti à la vi gne.

Tout le mon de s'est mis à l'ou-vra ge : les rai sins cou pés sont mis dans les pa niers et de là dans les cu ves pour y être fou lés.

Le jus qui en pro vient, c'est le vin.

Il est d'a bord fort doux et a ssez trou ble ; et ce n'est qu'a près a voir sé jour né u ne di zai ne de jours dans la cu ve qu'il pren dra le goût ai gre let que nous lui con nai ssons.

Mais à la lon gue ce goût dis pa-raît au ssi, et le vin de vient la pre miè re boi sson de l'ho mme.

JULES. — Merci, papa, je saurai maintenant, comment on fait le vin.

LE PAPA. — Je te dirai, en finissant, que le vin doit être bu avec modération, car, pris inconsidérément, il produit de tristes résultats : il ruine la santé et jette dans l'ivresse qui ravale l'homme au-dessous de la brute.

Les enfants ne doivent jamais prendre le vin pur, à moins que ce ne soit en toute petite quantité ou en maladie.

Le Vin.

Rendons grâce à Dieu pour le vin,
Car, lorsqu'il vient de source pure,
C'est un bien ; et la créature
Qui ne le boit jamais en vain,
Qui n'abuse d'aucune chose,
Qui mesure tout au devoir,
Soit le vin, l'art ou le savoir,
D'aucun mal ne sera la cause !

Mme E. R. DU H.

27me Le çon.

La boî te à ou vra ge.

Est-el le con ten te la pe ti te Vé ro ni que, a vec la bel le boî te à ou vra ge que lui a don née sa ma-man pour ses é tren nes !

Le cou ver cle est or né de très beaux des sins ; deux pe tits oi-seaux cons trui-sant leur nid : image du travail.

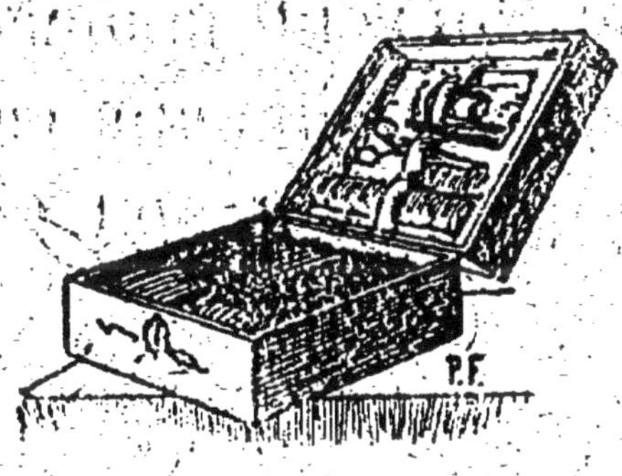

Fai sons l'in ven tai re des nom-breu ses et u ti les cho ses qu'el le con tient.

Plu sieurs ca ses, où se trou vent u ne pai re de jo lis ci seaux, un é tui pour les ai guil les, un dé, u ne pe lo te, des mor ceaux d'é to ffe de di ffé ren tes cou leurs, etc., etc.

Le cou ver cle tient à la boî te par des char niè res ar gen tées.

La boî te fer me à clef et la clef est tou te do rée.

Les ai gui lles sont en a cier.

C'est dans le trou qu'on pa sse le fil pour cou dre.

Le dé est se mé de pe tits trous pour re te nir l'ai gui lle et l'em pê-cher de gli sser. Il se met au doigt du mi lieu et sert à en fon cer l'ai-gui lle.

Les é pin gles sont for mées d'u ne tê te et d'u ne poin te.

Il y a plu sieurs bou les de fil et de di ffé ren tes cou leurs ; ain si on peut va ri er l'ou vra ge.

Par mi les di ffé ren tes piè ces qui s'y trou vent, il y a de la soie, du co ton, de la toi le, du ve lours et d'au tres é to ffes qui peu vent inté-res ser et sa tis fai re l'en fant.

Voy ez com bien de cho ses con-tient la boî te à ou vra ge de Vé ro ni que !

Si el le vous fait en vie, en fants, ga gnez-en u ne sem bla ble, com me vo tre pe ti te com pa gne, par vo tre sa ges se et vo tre ap pli ca tion au tra vail.

Le Livre d'histoires.

Bébé, sur un gros livre appuyant son oreille,
Disait : « Joli livre doré,
« D'où mes grands frères ont tiré
« Tant d'histoires, veux-tu m'en dire une pareille? »
Le livre se taisait. Bébé frappa du poing,
Répétant avec violence :
« Une histoire à Bébé !... » Toujours même silence.
— « Ah ! je vois, cria-t-il, c'est que tu n'en sais point ! »
Le livre, enfin, parla : « J'en sais ; mais pour les dire
A mon ami Bébé, j'attends qu'il sache lire. »

J. M. Villefranche.

28me Le çon.

Le corps de l'ho mme.

I

Mon corps se com po se de la tè te, du tronc et de qua tre mem bres.

Les par ties de la tè te sont le crâ ne et la fa ce, qu'on ap pel le aus si fi gu re ou vi sa ge.

Les che veux cou vrent la tè te ; ils l'or nent et la pro tè gent.

A la fi gu re, il y a un front, deux yeux, deux sour cils, deux pau piè res, deux joues, deux o reil-lles, un nez, di vi sé en deux na ri-nes, un men ton, une bouche, deux lè vres, deux mâ choi res gar nies de dents fortes et bien né ces sai res ; car sans les dents on ne pour rait que dif fi ci le ment se nour rir.

II

La bou che, la lan gue.

La bou che est for mée par les deux lè vres : la lè vre su pé ri eu re et la lè vre in fé ri eu re.

Dans la bou che se trou ve la lan gue, qui est rou ge et très mo bi le.

Je puis pous ser la lan gue en a vant, la re ti rer en ar riè re, la tour ner en tous sens.

A vec le pa lais, la lan gue est l'or ga ne du goût.

C'est a vec la lan gue que nous par lons.

Ce lui qui ne par le pas est mu et.

Ce lui qui par le trop est ba vard.

Il y a des en fants qui mon trent la lan gue à leurs ca ma ra des ; c'est u ne vi lai ne gri ma ce dont ils doi vent se cor ri ger.

III

Les dents.

Les dents sont fi xées à la mâ-choi re.

Le en fants n'ont pas de dents à leur nai ssan ce.

Les pre miè res qui pou ssent font bien sou ffrir ; on les a ppel le dents de lait. El les tom bent vers trois ou qua tre ans ; el les sont rem pla-cées par d'au tres plus so li des, au nom bre de tren te-deux pour l'ho-mme fait.

Il y a des en fants qui mor dent leurs ca ma ra des; d'au tres qui se ron gent les on gles a vec les dents : ce sont de mau vai ses ha bi tu des dont on doit les pu nir sé vè re ment.

Je ne me ron ge rai ja mais les on gles a vec les dents.

IV

Les yeux.

C'est a vec les yeux que nous vo yons.

Les yeux sont l'or ga ne de la vue.

Ils sont pro té gés par les cils et les sour cils.

Les pau piè res les en ve lo ppent et leur ser vent de por te, le jour et la nuit.

Le mi lieu de l'œil s'a ppel le pru nel le ou pu pi lle; c'est ce qui voit.

Le cer cle qui en tou re la pu pi lle est l'i ris; il est de di ffé ren tes cou leurs.

Les yeux sont un mi ra cle de la bon té du bon Dieu.

Ce lui qui ne voit pas est a veu gle.

Ce lui qui ne voit que d'un œil est bor gne.

Ce lui qui veut tout voir est un cu ri eux.

C'est un vi lain dé faut d'ê tre cu ri eux.

V

Les o rei lles.

C'est par les o rei lles que j'entends.

Les o rei lles sont l'or ga ne de l'ou ïe

Mes o rei lles sont pla cées de cha que cô té de ma tè te, a fin que j'en ten de bi en.

Ce lui qui n'en tend pas est sourd.

Ce lui qui met l'o rei lle aux por tes pour é cou ter est malho nnê te.

VI

Le nez.

C'est par le nez que nous perce vons les o deurs.

Le nez est l'or ga ne de l'o do rat. C'est par le nez que la tê te se dé ba rra sse des hu meurs i nu ti les ; c'est pour ce la que nous nous mou chons.

Ne soy ez ja mais sans mou-choir, en fants et sa chez vous en ser vir.

VII

Le cou et le tronc.

La tê te tient au tronc par le cou. Au de vant du cou est la gor ge. Les mem bres du tronc sont : l'é pau le droi te, l'é pau le gau che, la poi tri ne, le ven tre, le dos, etc.

Le tronc est for mé en a vant par les cô tes, en a rri è re par l'é pi ne dor sa le.

A l'in té ri eur du tronc se trou-vent les or ga nes de la vie : le cœur, les pou mons, etc.

VIII

Les bras.

J'ai un bras droit et un bras gau che.

Ils tien nent au corps par les é pau les.

Le bras se di vi se en trois par-ties : le bras, l'a vant-bras et la main.

Le cou de re lie le bras et l'a-vant-bras.

Le poi gnet re lie l'a vant-bras et la main.

Cha que main comp te cinq doigts ; cha que doigt se di vi se en trois par ties a ppe lées pha-lan ges ou ar ti cu la tions.

Le pou ce n'en a que deux.

On a don né un nom aux doigts, sa voir : pou ce, in dex, ma jeur, annu lai re, au ri cu lai re ou pe tit doigt.

IX

La main.

La main est un ou til bien pré-ci eux que le bon Dieu a do nné à l'ho mme pour tra va iller.

La main droi te est la plus ho-no ra ble!

C'est de la main droi te qu'on fait le si gne de la croix, que l'on tient sa cui ller, sa four chet te; que l'on pré sen te quel que cho se à quel qu'un et que l'on ô te sa coi ffu re pour sa lu er.

Les jam bes por tent le corps et ser vent à le mou voir.

X

Les jam bes et les pieds.

C'est a vec les jam bes que nous mar chons.

La jam be tient au corps par la han che.

La jam be se di vi se en trois par ties : la cui sse, la jam be et le pied.

Le ge nou u nit la jam be à la cui sse.

La che vi lle u nit le pied à la jam be.

Le pied est ter mi né par cinq doigts a ppe lés or teils.

Le corps re po se sur le sol par le ta lon et par la plan te des pieds.

Il y a des ho mmes, et mê me des en fants, qui ont u ne jam be plus cour te ou plus fai ble que l'au tre ; on les a ppel le boi teux.

Ils se ser vent de bâ tons ou de bé qui lles pour mar cher.

Il faut a voir pi tié des mal-heu reux.

29me Le çon.

La droi te et la gau che.

Le bon Dieu, mes en fants, vous a donné deux mains.

Une de vos mains s'a ppel le la main droi te et l'au tre la main gau che.

Vous a vez deux o rei lles : u ne de cha que cô té de la tè te.

L'o rei lle qui est du cô té de la main droi te se no mme l'o rei lle droi te, et l'au tre l'o rei lle gau che.

Mon trez vo tre o rei lle droi te a vec la main droi te, et l'o rei lle gau che a vec la main gau che.

Vous a vez deux pieds : le pied droit et le pied gau che.

Mon trez le pied droit a vec la

main gau che et le pied gau che a vec la main droi te.

Vous a vez deux yeux : l'œil droit et l'œil gau che.

Mon trez l'œil droit a vec la main droi te, et l'œil gau che a vec la main gau che.

Ces mots, droi te et gau che, ser-vent à dé si gner bien des cho ses.

Lors qu'on mar che sur u ne rou te, on a un cô té de la rou te ou de la chau ssée à sa droi te et l'au tre cô té à sa gau che.

Ce qui est à droi te, quand on va vers un bout de la rue, se trou ve à gau che quand on re tour ne vers l'au tre bout.

Il y a des rues qui ont des tro-ttoirs, un de cha que cô té de la rue.

Si deux per so nnes par tent cha-cu ne d'un bout o ppo sé de la mê me rue pour a ller à l'au tre bout, et que cha cu ne pren ne la droi te, el les ne pou rront pas se ren con trer et, par con sé quent, se gê ner dans leur mar che.

C'est pour é vi ter les ac ci dents et fa ci li ter la mar che, que dans les vi lles, les voi tu res pren nent tou jours la droi te.

C'est une rè gle de po li ce.

U ne ri viè re a au ssi deux cô tés, a ppe lés ri ves.

On dit : la ri ve droi te ou la ri ve gau che.

Co mme l'eau d'u ne ri viè re ou d'un fleu ve cou le tou jours vers le mê me point, on a ppel le ri ve droi te, cel le que l'on a à sa droi te, quand on suit le cou rant de l'eau, et ri ve gau che cel le qui lui est o ppo sée.

On doit de pré fé ren ce mar cher sur la droi te, afin de ne pas gê ner les pa ssants et de ne pas s'ex po-ser, en fai sant le con trai re, à des ac ci dents dont on pou rrait ê tre vic ti me, fau te d'ob ser ver cet or dre de la po li ce.

Quand je mar che rai dans la rue, je pren drai de pré fé ren ce la droi te et lui lais se rai la gau che pour le re tour.

Table d'addition[1].

1	et	0	font	1	2	et	0	font	2
1	.	1	.	2	2	.	1	.	3
1	.	2	.	3	2	.	2	.	4
1	.	3	.	4	2	.	3	.	5
1	.	4	.	5	2	.	4	.	6
1	.	5	.	6	2	.	5	.	7
1	.	6	.	7	2	.	6	.	8
1	.	7	.	8	2	.	7	.	9
1	.	8	.	9	2	.	8	.	10
1	.	9	.	10	2	.	9	.	11

1. Le maître démontrera l'addition sur le boulier compteur.

30me Le çon.

Les mé tiers et pro fe ssions.

Le me nui sier tra va ille le bois;

il fait des por-tes, des fe nê-tres, des meu-bles, etc.

Le chai sier fait des chai ses.

Le sa bo tier fait des sa bots.

Le for ge ron, le ma ré chal, le ser ru rier tra-va illent le fer.

Le cou te lier fait les cou-teaux.

L'hor lo ger fait et a rran ge les hor lo ges et les mon tres.

Le ma çon fait les mai sons.

Le vi tri er po se les vi tres et les ca rreaux.

Le pein tre en bâ ti ment pa sse les cou leurs et ta pi sse les a ppar-te ments.

Le ta pi ssier po se les ten tu res et cer tai nes é to ffes sur les chai ses et les fau teuils.

Le fu mis te pose les poê les et les che mi nées.

Le ter ra ssier creu se la ter re, fait les dé blais et les rem blais.

Le ta illeur fait les ha bits.

Le cor do nnier fait les sou liers, les bo tti nes et les bo ttes.

La cou tu riè re fait les che mi ses et les vê te ments de fem mes.

Le cha pe lier fait les cha peaux.

La mo dis te fait les coi ffu res de fem mes.

Le médecin soigne les ma la des.

Le phar ma cien pré pa re les re mè des.

Le den tis te soi gne les dents.

Le vé té ri nai re soi gne les a ni-maux ma la des.

Le maî tre d'é co le ins truit les en fants.

Tous les mé tiers sont bons et ho no ra bles ; les pa res seux seuls s'en plai gnent.

VERBE.

Finir sa page.

Indicatif (maintenant)

Je finis ma page,
Tu finis ta page,
Louis finit sa page,
Lucie finit sa page,
Nous finissons notre page,
Vous finissez votre page,
Les élèves finissent leur page.

31me Le çon.

Le né ce ssai re de l'é co lier.

Pa ssons en re vue, mes en fants, les ob jets dont vous vous ser-vez en cla sse et é tu di ons-en la pro ve-nan ce.

I

L'Ar doi se.

C'est sur l'ar doi se que le pe tit é co lier co mmen ce à é cri re, à des si ner.

L'ar doi se est u ne sor te de pier re que l'on ti re de la ter re.

Les ca rriè res d'ar doi ses se no mment ar doi siè res.

Pour ren dre l'ar doi se plus so-li de, on l'en tou re par fois d'un ca dre.

On é crit sur l'ar doi se a vec un cra yon d'ar doi se, a ppe lé tou che.

II

Le cra yon.

Le cra yon est le pre mier ou til de l'é co lier.

A vec lui, il é crit ou des si ne sur le pa pi er, des let tres, des mots, et mê me des pe ti tes phra ses.

La par tie du cra yon qui mar que le trait se no mme plom ba gi ne.

On trou ve la plom ba gi ne dans la ter re. Co mme cet te ma tiè re cas se fa ci le ment, on la ren fer me en tre deux mor ceaux de bois que l'on co lle en sui te et on a ain si le cra yon.

III

Le Por te-plu me

Lors que l'é co lier con naît pa-ssa blement l'u sa ge du cra yon, on lui do nne un por te-plu me.

Le por te-plu me est for mé d'un man che et d'u ne pin ce en mé tal pour re ce voir la plu me.

Par el le-mê me, la plu me ne tra ce rien; il faut y met tre de l'en cre.

L'en cre se met dans un en cri er.

L'en cre dont on se sert or di-nai re ment est noi re.

El le fait de vi lains pâ tés sur les ca hiers des é co liers peu soi gneux.

Il y a des en fants qui en met-tent sur leurs doigts et mê me sur leur fi gu re.

Ce la n'est pas bien.

J'é vi te rai de fai re des pâ tés sur mes ca hiers ou sur mes li vres, et de met tre de l'en cre à mes doigts.

IV

Le Plu mier.

Le plu mier est un pe tit meu ble bien com mo de.

On y met ses plu mes, son cra-on, son por te-plu me.

Le plu mier se fer me quel que-fois à clef, ce qui le rend plus pré-ci eux en co re.

V

Le Car ton.

Pour ren fer mer tous ces ob jets et les trans por ter fa ci le ment, les é co liers ont un pe tit car ton.

Ce car ton prend quel que fois le nom de gi be ci è re.

La gi be ci è re est bien plus gran-de que le car ton; el le se por te sur le dos a vec des cou rroies ; el le se por te aus si sur le cò té.

Tous ces ob jets coû tent bien cher, mes en fants. A yez-en donc soin, a fin de ne pas o bli ger vos bons pa rents à les re nou ve ler eans ces se.

J'au rai bien soin de tous mes ob jets clas si ques.

Table d'addition (suite).

3	et	0	font	3			4	et	0	font	4
3	.	1	.	4			4	.	1	.	5
3	.	2	.	5			4	.	2	.	6
3	.	3	.	6			4	.	3	.	7
3	.	4	.	7			4	.	4	.	8
3	.	5	.	8			4	.	5	.	9
3	.	6	.	9			4	.	6	.	10
3	.	7	.	10			4	.	7	.	11
3	.	8	.	11			4	.	8	.	12
3	.	9	.	12			4	.	9	.	13

35me Leçon.

Le livre.

Cha que jour, mes en fants, vous li sez dans di ffé rents li vres.

Vous ê tes-vous de man dé ce que c'est qu'un li vre ?

Non ; car à vo tre â ge on ne ré flé chit guè re.

D. — Vou lez-vous que nous é tu di ions son his toi re ?

R. — Bien vo lon tiers.

D. — Eh bien ! com men çons. De quoi se com po se un li vre ?

R. — De feuil lets, de pa ges, d'u ne cou ver ture.

D. — Les ca rac tè res de vo tre

li vre ont-ils la for me de ceux que vous fai tes sur vo tre ca hier?

R. — Non; ils sont tout di ffé-rents.

D.— Co mment a-t-on tra cé ceux de vo tre li vre?

R. — Le li vre est im pri mé.

D. — Co mment s'a ppel le ce lui qui im pri me?

R. — Il s'a ppel le im pri meur.

D. — Et l'é ta bli sse ment où l'on im pri me?

R. — Im pri me rie.

D. — A-t-on im pri mé tou tes les pa ges à la fois?

R. — Pour les pe tits li vres, peut-ê tre bien; mais non pour les gros, qui con tien nent beau coup de pa ges.

D. — Co mment a ppe lle-t-on ce lui qui ré u nit tou tes les feui lles en un livre?

R. — On l'appelle brocheur ou relieur.

D. — Pourquoi a-t-on mis des numéros en tête de chaque page?

R. — Afin de se reporter à ce numéro pour savoir où se trouve la leçon qu'on veut étudier.

D.— Pourquoi met-on des images dans les livres?

R. — Afin de les rendre plus intéressants et de mieux faire comprendre la leçon qu'on étudie.

D. — Et le papier qui compose le livre, d'où vient-il?

R. — De chez le papetier.

D.— Avec quoi fait-on le papier?

R.— Avec des chiffons de toile, du coton, etc.

D. — Comment, avec des chiffons, peut-on faire du papier?

R. — Les chiffons, débris de linge, que vous avez vu vendre à vo tre mè re ; ceux que ra ma sse le chi ffo nnier, dans les or du res des rues, tout ce la sert à fai re du papier, et voi ci co mment :

Ces chi ffons sont tri és, la vés, broy és, ré duits en pâ te, et, a près a voir pa ssé par plu sieurs ma chines, ils de vien nent ce beau pa pier blanc dont on fait vo tre li vre ou sur le quel vous é cri vez.

Voy ez, mes en fants, par combien de mains a pa ssé vo tre li vre et quel soin vous de vez en pren dre.

J'au rai tou jours bien soin de mes li vres.

Table d'addition (suite).

5	et 0	font	5	5	.	.	5	10
5	. 1	.	6	5	.	.	6	11
5	. 2	.	8	5	.	.	7	12
5	. 3	.	8	5	.	.	8	13
5	. 4	.	9	5	.	.	9	14

33me Le çon.

De la for me et de la cou leur des cho ses.

Les ob jets qui se pré sen tent à no tre vue n'ont pas tous la mè- me for me, ni la mè me cou leur. Pour les dis tin guer, on a do nné à cha que for me et à cha que cou- leur un nom par ti cu lier.

I

La for me.

Les deux for mes les plus gé né- ra les sont la forme pla te et la for me ron de.

Un ca hier, un li vre, u ne ar- doi se, u ne ta ble ont la for me pla te : ils res tent à la pla ce et à la po si ti on qu'on leur do nne.

D. — Pour quoi? me di rez-vous.

R. — C'est que tous les points de leur sur fa ce re po sent à la fois sur cel le de la ta ble où ils ont é té pla cés, et qu'ils ne chan gent de pla ce qu'au tant qu'on les chan ge soi-mê me.

D. — Que re mar quez-vous en co re sur la for me de ces ob jets?

R. — C'est qu'ils ont u ne lon gueur et u ne lar geur bien dé ter mi nées.

D. — Qu'a ppel le-t-on lon gueur?

R. — La plus gran de di men si on de l'ob jet; ont dit : la lon gueur d'u ne ta ble, d'u ne sal le.

D. — Qu'a ppel le-t-on lar geur?

R. — L'é ten due dans le sens o ppo sé à la lon gueur. On dit : la largeur de la clas se, d'u ne ta ble, etc.

D. — Quel le est la deu xiè me for me la plus u si tée dans la na tu re?

R. — C'est la for me ron de.

D. — No mmez des ob jets qui sont ronds.

R. — Les bi lles, les bou les, les ba llons, un ver re à boi re, u ne bou tei lle, etc.

D. — Tous ces ob jets sont-ils ronds de la mê me ma niè re?

R. — Non; les uns sont ronds sur tou te leur sur fa ce; tels sont les bi lles, les bou les, les ba llons, etc.

On do nne en co re à ces ob jets le nom de glo bes ou de sphè res.

D'au tres ne sont ronds que sur un cô té, co mme le ver re à boi re, les bou tei lles, les en cri ers, etc.

En fin, d'au tres ob jets n'ont de for me ron de qu'en un sens, co-mme le cer ceau, les roues d'u ne voi tu re, les piè ces de mo nnaie, etc.

D. — Que re mar quez-vous sur les ob jets tout à fait ronds, co mme les bi lles, les bou les?

R. — C'est que ces ob jets, pla-
cés sur u ne sur fa ce pla te, chan-
gent fa ci le ment de pla ce ; un tout
pe tit choc su ffit pour les dé pla cer.

D. — Pour quoi ce la ?

R. — C'est par ce que un seul
point de leur sur fa ce tou che la
sur fa ce sur la quel le ils sont
po sés ; ce qui fait qu'ils peu vent
tour ner dans tous les sens.

D. — Que re mar quez-vous sur
les ob jets qui ont la for me ron de
et la for me pla te en mê me temps ?

R. — C'est que ces ob jets sont
d'un u sa ge fré quent et qu'ils
joi gnent, à u ne for me é lé gante,
u ne ba se sur la quel le ils re po-
sent fa ci le ment.

Tels sont les ver res, les a ssiet-
tes, les plats, les lam pes ; la plu-
part des ob jets de la vai ssel le et
des us ten si les de la cui si ne.

D. — Que re mar quez-vous sur la for me des ob jets de la troi-si è me ca té go rie, tels que le cer ceau, le vé lo etc.

R. — C'est que ces ob jets ont be soin d'ê tre sou te nus pour re po-ser sur leur par tie ron de. Dès qu'on les a ban do nne à eux-mê mes, ils tom bent et ne peu vent se re le ver.

D. — Les ob jets ronds ont-ils u ne lon gueur et u ne lar geur ?

R. — Oui ; mais ce n'est pas ce nom qu'on leur do nne.

D. — Co mment les dé si gne-t-on ?

R. — La li gne qui fait le tour de l'ob jet prend le nom de cir con fé ren ce, et cel le qui le tra ver se, en pa-ssant par le mi lieu, prend ce lui de di a mè tre.

D. — Co mment s'a ppel le le mi lieu ?

R. — Le mi lieu s'a ppel le cen tre. C'est ce lui où l'on met la poin te sè che du com pas quand on veut tra cer une cir con fé ren ce ; c'est ce lui en co re où les pe tits gar çons met tent un bout de la fi cel le de leur tou pie pour tra cer un grand rond.

D. — Quel nom pren nent les li gnes qui vont du cen tre à la cir con fé ren ce ?

R. — On les a ppel le ra yons ; on dit les ra yons d'u ne roue, d'un vé lo, etc.

D. — Quel nom prend la par tie ren fer mée par la cir con fé ren ce?

R. — E le prend le nom de cer cle.

Dans les for mes, on peut en co re dis tin guer la for me ca rrée et la for me o blon gue.

La for me est ca rrée quand les cô tés de l'o bjet sont de mê me di men sion ; com me dans un ca rreau, u ne boî te, etc.

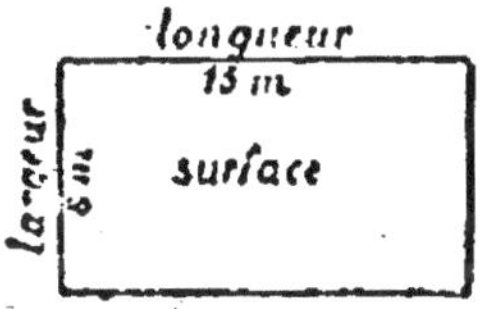

La for me est o blon-gue quand un cô té est plus grand que l'au tre : un ca hier, un li vre, etc.

La lon gueur et la lar geur sont li mi tées par les coins.

La par tie ren fer mée par la lon gueur et la lar geur prend le nom de sur fa ce.

Si, à cet te sur fa ce, on do nne u ne é pai sseur, on a un vo lu me.

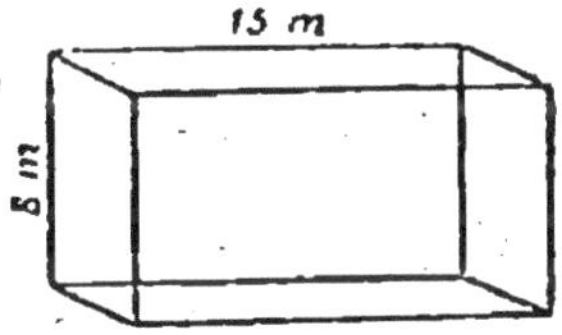

On dit le vo lu me d'u ne boî te, d'u ne bri que, d'u ne cai sse.

Par mi les di ffé ren tes for mes, il y a en co re la for me *o va le,* qui est cel le de l'œuf, for me si é lé gan te et d'un em ploi si fré quent dans le des sin et dans l'in dus trie.

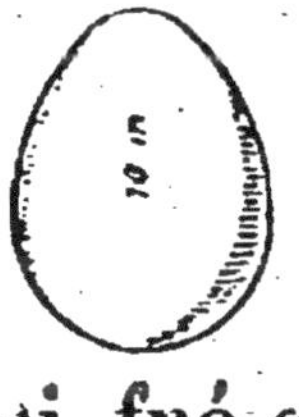

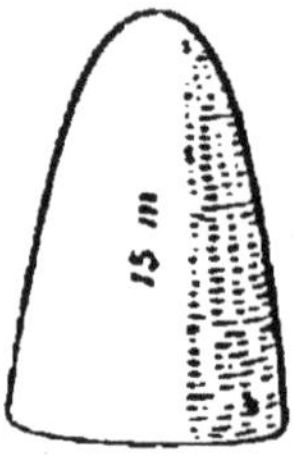

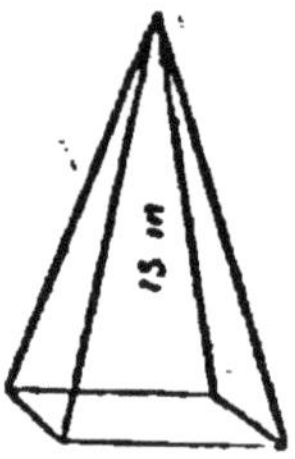

La for me *co ni que* qui est ce lle d'un pain de su cre; la for me *py ra mi-da le,* cel le de la flè che d'un clo-cher, et la for me *sphé-ri que,* cel le d'u ne bou le, d'un ba llon.

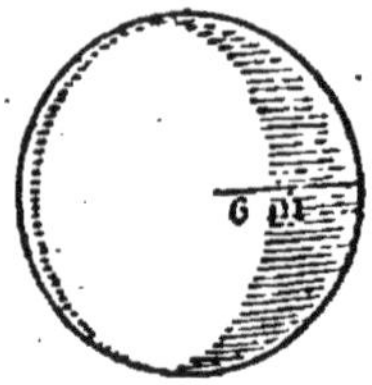

Tou tes ces for mes sont d'un fré quent u sa ge : le des si na-teur, le ta pi ssier, le mé ca ni cien, le ser ru rier, la mo dis te, la bro-deu se va rient leurs des sins au mo yen de ces di ffé ren tes li gnes.

L'ar tis te se ra ppro che ain si de la na tu re qui, de puis la feui lle la plus sim ple jus qu'à la plus com-pli quée, va rie ses for mes et ne ré pè te ja mais la mê me.

Le des sin est u ne bien bel le cho se.

34me Le çon.

II

Des cou leurs.

Dans la le çon pré cé den te, nous a vons par lé de la for me des ob jets; dans cel le-ci nous par le-rons des cou leurs.

Pour em bel lir le sé jour de l'ho mme, le bon Dieu a mul ti pli é les cou leurs sur la ter re.

Dans les champs et dans les prés, il y a dé jà bien des fleurs, mais si on en tre dans un jar din, c'est là sur tout qu'on pou rra en voir de ma gni fi ques.

Co mme il n'est pas po ssi ble de do nner un nom par ti cu lier à cha que tein te, on les a grou pées au tour de ce lles de l'arc-en-ciel.

Vous a vez dé jà vu, sans dou te, mes en fants, l'arc-en-ciel et vous en a vez ad mi ré les bel les cou leurs.

Si on vous de man dait com bien il y en a vait, vous seriez sû re ment em ba rra ssés de le dire.

Hé bien! on en a comp té sept, ran gées dans cet or dre : *rou ge o ran ge, jau ne, vert, bleu, in di go et vi o let.*

Ce sont ces sept cou leurs que les pein tres em ploient et a vec lesquel les ils ob tien nent tou tes les au tres.

Il y a bien des fleurs qui sont *rou ges* : le co que li cot, la ro se, le gé ra ni um, etc.

Dans le dra peau fran çais, il y a u ne par tie sur trois qui est rou ge.

La cou leur *o ran ge* se voit dans le fruit de ce nom. Le ci tron, l'abri cot, la pê che, les pom mes, les poires ont aussi la couleur orange, quand ces fruits sont mûrs.

Le blé, lorsqu'il est mûr, est jaune. Bien des étoffes et des fleurs sont jaunes. Le pinson et le chardonneret ont des plumes jaunes. Le serin est tout jaune.

L'herbe des prés est verte, les feuilles des arbres sont de couleur verte.

Le bleu est la couleur du ciel, quand il est sans nuages.

Bien des étoffes sont bleues.

Au drapeau français il y a une partie qui est bleue.

L'*indigo* est un bleu donné par l'indigotier, plante des pays chauds.

La lessiveuse met du bleu dans l'eau où elle trempe son linge pour le rincer.

La violette, cette modeste fleur qui, tout en se cachant sous le buisson, ré pand un si doux par fum, nous ra ppe lle la der ni è re des sept cou leurs, c'est-à-dire le *vio let*.

En de hors de ces sept cou leurs que nous ve nons de nom mer, il y a en co re le blanc et le noir.

Le blanc est bien ré pan du dans la na tu re : la nei ge le lait, la craie, le pa pier sont blancs.

Le blanc en tre dans la con fec tion de la lin ge rie, de la bo nne te rie, de la bro de rie, de la pa pe te rie, etc.

Le blanc o ccu pe au ssi u ne pla ce dans le dra peau fran çais.

On a don né aux cou leurs u ne si gni fi ca tion qu'il est bon de sa voir.

Le *blanc* re pré sen te l'i nno-cen ce et la pu re té.

Les pe tits en fants sont em ma-illo tés de blanc le jour de leur ba ptê me.

Les pe ti tes fi lles s'ha bi llent de

blanc le jour de leur pre mi è re co mmu nion.

Les pe tits gar çons por tent ce jour-là, le gi let blanc, la cra va te blan che et le bra ssard blanc.

Le *noir* est la cou leur du deuil.

A la mort d'un pè re, d'u ne mè re, d'un pro che pa rent, on prend le deuil, c'est-à-di re qu'on se re vêt d'ha bits noirs.

L'É gli se em ploie é ga le ment des or ne ments noirs aux of fi ces fu- nè bres pour mar quer la part qu'elle prend au deuil de ses en fants,

Le *vi o let* se ra ppro che du noir.

L'É gli se l'em ploie au Ca rê me et aux au tres temps de pé ni ten ce.

Le *vert* re pré sen te l'es pé ran ce.

Les champs et les ar bres cou- verts de ver du re sont l'es pé ran ce de l'a gri cul teur.

Le *jau ne* est la cou leur de l'or ;

il re pré sen te l'o pu len ce et la ri che sse.

Le rou ge re pré sen te le sang, l'a mour de Dieu et de ses sem bla bles.

Le sol dat a bien des par ties de son ha bi lle ment qui sont rou ges.

L'É gli se em ploie fré quem ment le rou ge dans ses or ne ments.

RÉCITATION

Je suis grand!

L'an passé, cela va sans dire,
J'étais petit, mais à présent
Que je sais compter, lire, écrire,
C'est bien certain que je suis grand.

Quand sur les genoux de ma mère
On me voyait souvent assis,
J'étais petit, la chose est claire,
J'avais cinq ans et j'en ai six !

Maintenant, je vais à l'école,
J'apprends chaque jour ma leçon ;
Le sac qui pend à mon épaule,
Dit que je suis un grand garçon.

GAUMONT.

35me Le çon.

La Fer me.

I

Hier, c'é tait jeu di. Je suis a llé, avec ma sœur Lé o nie, voir la fer-me de mon on cle Jé rô me.

Après avoir em bra ssé mon on cle et ma tan te, nous a vons dé jeu né.

En sui te nous nous som mes a mu sés dans la fer me a vec mes cou sins et mes cou si nes.

Puis ma tan te est ve nue et nous a fait vi si ter la fer me.

Nous a vons vu les pou les qui cou rent au tour de la fer me et qui don nent des œufs en a bon dan ce.

Les ca nards bar bo tent dans la mare ; ils nous don nent leurs œufs, leurs plu mes et leur chair.

Les a bei lles vont au loin cher cher le suc des fleurs pour fai re le miel.

Le chat, lui, est res té à la mai-son pour a ttra per les rats et les sou ris.

Nous a vons en sui te vi si té les é ta bles, les gre niers, les cel-liers, etc.

Dans les é ta bles sont les va ches qui don nent beau coup de lait, les mou tons qu'on é lè ve et que l'on vend pour la bou che rie, les che-vaux qui ser vent aux tra vaux des champs, les porcs qu'on en grai sse pour ê tre tu és en temps con ve-na ble.

Dans les gre niers, il y a de gran des pro vi sions de blé, d'or ge, d'a voi ne, de pa ille, de foin, des ré col tes de tou te sor te.

A la ca ve sont de nom breux fûts, con te nant le vin, le ci dre, la bière ;

il y a au ssi les pro vi si ons de fruits, de po mmes de ter re, etc.

En sui te, elle nous a fait voir les ins tru ments de cul tu re : les cha rrues, les cha riots, les moi sson neu ses, les ma chi nes à bat tre le blé, etc.

Tous ces ins tru ments de cul tu re é taient ran gés a vec beau coup d'or dre sous de vas tes han gars.

En fin, no tre tan te nous a mé na gé u ne sur pri se : des fe nê tres du haut de la fer me, el le nous a fait voir l'en sem ble du do mai ne : de vas tes prai ries, de bel les vi gnes, des champs fort é ten dus, des bois et mê me des fo rêts dans le loin tain.

N'est-ce pas, mes en fants, dit no tre tan te, que le bon Dieu est bien ai ma ble de nous don ner tant et de si bon nes cho ses !

Au ssi vous l'ai me rez de tout vo tre cœur.

II

Ve nez a vec nous, en fants, et vous en ten drez :

Le che val qui hen nit (*hanit*).
Le bœuf qui beu gle.
Le mou ton qui bè le.
Le porc qui gro gne.
Le pou ssin qui piau le.
Le pou let qui chan te ki ki ri ki.
Le coq qui dit ko ko ro ko.
Le chien qui a boie.
Le pi geon qui rou cou le.
Le la pin qui gla pit.
L'a bei lle qui fre do nne.
Les oi seaux qui chan tent.
L'ho mme qui par le ou chan te.
Le fou et qui cla que.
Le rui sseau qui mur mu re.
Le vent qui sou ffle.
La clo che qui tin te et dit :
En fants, bé ni ssez le Sei-gneur, vo tre Dieu.

III

Regardez et vous verrez que le cheval a une crinière et une queue garnie de crins.

Que le coq a un beau plumage et une crête rouge tout au-dessus de la tête.

Qu'il y a des poules blanches, des noires et des grises.

Que la vache a deux cornes et une longue queue.

Que le chat a des griffes dangereuses et de longues moustaches.

Que parmi les animaux, les uns ont quatre pattes et les autres deux. Ceux qui en ont quatre sont les quaerupèdes, et ceux qui n'en ont que deux sont les bipèdes.

Le cheval, la vache, le mouton, la chèvre, le chien, le chat, le lapin, sont des quadrupèdes.

Le coq, la pou le, le pi geon, le pou ssin, le ca nard, le din don, l'hi ron del le, le pier rot, sont des bi pè des.

Vo yez, en fants, combien d'animaux le bon Dieu a cré és pour le ser vi ce de l'ho mme. Ai mons les a ni maux et ne les fai sons pas sou ffrir sans né ce ssi té.

Ce lui qui mal trai te les animaux sans su jet a nnon ce qu'il a un mau vais cœur.

VERBE

Finir sa page (suite).

Imparfait (autrefois).

Je finissais ma page,
Tu finissais ta page,
Luc finissait sa page,
Julie finissait sa page,
Nous finissions notre page,
Vous finissiez votre page,
Luc et Lucien finissaient leur page,
Julie et Lucie finissaient leur page.

36me Le çon.

Les A ni maux.

Vous a vez no mmé, en fants, dans la le çon pré cé den te, un grand nom bre d'a ni maux; vo yons, dans cel le-ci, ce qu'il vous im por te de sa voir sur quel ques-uns d'entre eux.

I

Le Che val.

Le che val est un a ni mal do mes- ti que très u ti le à l'ho- mme; il est fort, vigou- reux, do ci- le.

Sa for me est é lé gan- te, sa mar- che ra pi de; il tro tte, il ga lo pe, il court.

Il la bou re les champs, mè ne les voi tu res, por te l'ho mme en voy-age et mê me en guer re.

Le che val man ge de l'a voi ne, du foin, du trè fle, de la pa ille, de l'her be, etc.

Il est en gé né ral fort doux; mais il y en a par fois de mé chants et de vi cieux des quels il faut se ga rer.

Avec la peau du che val, on fait du cuir. Un jeu ne che val s'ap-pel le le pou lain.

La fe mel le du che val est la ju ment.

Le che val est l'a mi de l'ho-mme.

II

La Va che.

La va che est u ne bien bo nne bê te; el le do nne son lait a vec le quel on fait de la bo nne sou pe, du ca fé au lait, du beu rre et du fro ma ge.

El le do nne au ssi u ne vian de ex cel len te.

Sa peau four nit un cuir a vec le quel on fait des chau ssu res fort so li des

La va che man ge de l'her be, du foin, du trè fle, des ca ro ttes, etc.

El le a deux cor nes a vec les-quel les el le se dé fend et a tta que mê me quel que fois.

Le pe tit de la va che se no mme veau; il do nne u ne vian de fi ne et dé li ca te.

Le bœuf, la va che, le veau, sont des a ni maux do mes ti ques fort u ti les à l'ho mme.

III

Le Mou ton.

Le mou ton est un jo li a ni mal qui, cha que an née, do nne u ne be lle lai ne blan-che

A vec la lai ne, on fait des ha bi-lle ments bien chauds : bas, tri cots, gi lets, ca le-çons, cou ver tu res, ma te las, etc.

Ma man m'a fait u ne pai re de chau sset tes de lai ne, et ma sœur Ca ro li ne u ne pai re de gants.

La vian de du mou ton est ex cel-len te.

Le mou ton se nou rrit dans les

champs; il mange de l'herbe, du foin, de la luzerne.

La femelle du mouton est la brebis qui donne un lait excellent et dont on fait du bon fromage.

Le petit de la brebis se nomme agneau.

L'agneau est très joli et très intéressant; il aime beaucoup sa mère.

Jésus, le Sauveur du monde, se fait appeler l'Agneau de Dieu.

On dit d'un enfant bien doux, bien sage, pas méchant, qu'il est doux comme un agneau.

Je serai bon, doux, aimable comme un agneau.

IV

La Chèvre.

A cause des nombreux services

que rend la chè vre, on l'a ppel le la va che du pau vre.

El le do nne un lait fort bon qui fait la prin ci pa- le nou rri tu re des fa mi lles pau- vres.

El le est fa ci le à nou rrir et se con ten te de peu ; ce pen dant, el le ne do nne qu'au tant qu'on la soi gne bien.

Le pe tit de la chè vre s'a ppel le che vreau, et le mâ le, bouc.

Le che vreau est très les te et fort gen til.

V

Le Porc.

Le porc est un a ni mal très u ti le dans le mé na ge.

Il do nne du lard, des jam bons,

des sau ci sses et de la grai-sse ; il man ge de tout ; il n'est pas dé-li cat.

C'est fê te à la mai son quand on tue le porc.

VI

Le Chien.

Le chien est l'a mi de l'ho mme ; il l'ai de à la cha sse et lui a ppor te du gi bier ; il garde la mai son et les trou peaux ; il dé fend son maî tre a vec un cou ra ge in domp-ta ble ; il bra ve tout en ne mi.

Le chien man ge de la vian de, du pain, de la sou pe, des lé gu mes, etc.

Le chien a boie ; le pe tit chien ja ppe.

Il est très in tel li gent, il mè ne de pe ti tes voi tu res et a mu se les en fants.

Il a pprend aussi à fai re tou te sor te de tours : on l'a ppel le a lors chien sa vant.

Je ne mal tra te rai ja mais les chiens.

HISTOIRE.

Le Chien de Li li.

Li li se pro me nait un jour a vec sa mè re.

Sur la rou te, el le ren con tra quel ques mé chants gar çons qui ti raient un pe tit chien par u ne cor de pour a ller le noy er.

La pau vre bê te fai sait pi tié.

Li li en eut com pa ssion et o ffrit de l'a che ter.

Les ga mins le lui a ban donnè-rent pour quel ques sous.

Qui fut le plus con tent de Li li ou du pe tit chien ? L'hi stoi re ne le dit pas ; mais ce qu'el le dit, c'est que la bon ne bê te sau va la pe ti te d'un grand ma lheur.

É cou tez, chers en fants. Ar ri vée à la mai son et ai dée de la bon ne, Li li net toy a le pau vre chien, et le mit dans un pa nier qu'el le pla ça dans sa cham bre.

La jeu ne fi lle é tait à pei ne sor tie, qu'el le en ten dit le chien ja pper de sa voie clai re et per çan te.

El le ren tre, et voit la pe ti te bê te, près du lit, a boy ant a vec fu reur.

Li li se bai sse et voit un ho mme cou ché sur le plan cher.

Elle appelle au secours.... On vient.... C'était un voleur qui s'était introduit dans la maison pendant l'absence de la famille.

Le voleur fut pris et conduit en prison.

A partir de ce jour, le petit chien devint plus cher à Lili et à toute la famille; on l'appela Sultan, et, en souvenir du voleur, il reçut un beau collier rouge.

Le chien est l'ami de l'homme.

VII

Le Chat.

Le chat est fort utile dans nos maisons, il nous débarrasse des rats et des souris.

La peau du chat est couverte d'un poil doux et soyeux.

Sa tête est ronde, sa forme élégante, sa queue fort longue, ses

o rei lles cour tes, ses mous ta ches

hé ri ssées, ses dents très aiguës, ses yeux ronds, ses pattes ar mées de gri ffes puissan tes a vec les quel les il a tta que et se dé fend.

Il n'est pas pru dent de ta qui ner le chat ; on s'ex po se à ê tre gri ffé.

Quand on lui pa sse la main sur le dos, il fait : ron, ron, ron....

Quand on l'ir ri te il fait : ff.

Les pe tits chats se no mment cha tons.

Je ne ta qui ne rai pas le chat de peur d'ê tre gri ffé.

37me Le çon.

Les a ni maux de la ba sse-cour.

I

Allons main te nant à la ba sse-cour, et nous en ten drons le co co ri co joy-eux du coq.

A sa voix é cla tan te, le coq joint un beau plu ma ge. U ne bel le crê te rou ge or ne sa tê te.

Au bout de ses pa ttes sont des on gles ai gus et pui ssants.

Le coq est le roi de la ba sse-cour; c'est le mâ le de la pou le.

II

La Pou le.

La pou le est très u ti le; el le do nne des œufs fort bons à man-ger, à la co que, en o me let te, et de bien d'au-tres ma niè res.

Il y a des pou les qui sont blan-ches; d'au tres sont gri ses ou mê me noi res.

Les ai les de la pou le sont cour-tes; el le vo le dif fi ci le ment.

La pou le a un bec fort poin tu et u ne crê te rou ge; les pa ttes sont ter mi nées par qua tre doigts ou on gles ai gus et fort so li des.

La pou le man ge du grain, des vers, des in sec tes, etc. El le ca-quet te et chan te a près a voir pon du son œuf.

Les pou les logent au pou laill er. Les pe tits de la pou le se no-mment pou ssins.

La pou le aime beau coup ses pe tits pou ssins, el le les dé fend a vec cou ra ge, et se fâ che quand on veut les lui pren dre.

La pou le, le coq, les pou lets et les pou let tes nous do nnent u ne chair ex cel len te.

La pou le pond bien quand on la soi gne bien.

III

Le Ca nard.

Le ca nard est un oi seau na geur; il se plaît dans l'eau.

Ses pa ttes lui ser vent de ra mes et sa queue de gou-ver nail.

Le cou du ca nard est long; sa tê te est pe ti te, ses yeux ronds, son bec long, lar ge et ar ron di.

Le ca nard se dé fend avec son bec.

Il se nou rrit de grains, de lé gu- mes, d'her be....

Il four nit des plu mes avec les- quel les ont fait des cou ssins.

La ca ne est la fe mel le du ca- nard ; el le pond des œufs que l'on vend ou que l'on fait cou ver.

Les pe tits ca nards se no mment ca ne tons.

La chair de la ca ne et du ca nard est dé li ca te.

J'ai me à voir les ca nards plon ger dans l'eau pour a ller cher cher le pain que je leur jet te.

Bichon et Bichonnette.

Le petit chien Bichon et sa sœur Bichonnette
Souhaitaient de grandir comme des éléphants.
Est grand qui peut, dit la mère Bichette ;
Est bon qui veut, voilà l'important mes enfants.

J.-M. VILLEFRANCHE.

38me Le çon.

Les pe tits oi seaux.

Dans mon jar din, un pin son est ve nu fai re son nid.

Il l'a pla cé sur un pied de li las.

De bon ma tin, le pè re et la mè re vont cher cher de cô té et d'aut re, les ma té ri aux né ce ssai-res pour leur pe ti te mai son.

De brin di lles, de la mou sse, du crin, de la lai ne, des plu-mes, etc.

Tout ce la est bien a rran gé et fait u ne jo lie ha bi ta tion pour les bes ti o les qui doi vent y lo ger.

En fin, le nid est a che vé. Voi là que bien tôt il y au ra des œufs, et un peu plus tard, des pe tits.

Que de sou cis, que d'in qui é-tu des ont ces pau vres oi seaux!

Mais un jour est ve nu où l'on a en ten du ces cris : cui, cui, cui..., di saient les pe tits oi si llons; nous a vons faim, nous a vons froid.

Et voi là que le pè re et la mè re vont çà et là pour cher cher leur nou rri tu re.

Grâ ce à ces soins si nom breux et si tou chants, les pe tits a vaient bien gran di, et un jour la ma man leur par la ain si :

« Mes en fants, mes pe tits ché-ris, voi là que vous ê tes de ve nus grands; nous a vons eu bien soin de vous pen dant que vous é tiez pe tits ; main te nant vous au rez à pour voir à vo tre a ve nir. »

Le len de main ma tin, les oi si-llons ne re çu rent plus la bec quée.

Ils é taient dé jà in quiets, quand sur la bran che d'un ar bre voi sin, ils en ten di rent leur mè re les a-ppe ler près d'el le.

Les pe tits oi seaux le vè rent la tê te ; mais ils eu rent peur de sor tir du nid.

Ce pen dant, un d'en tre eux, plus cou ra geux, s'é lan ça ; tout ra vi, il se trou va bien tôt à cô té de sa mè re.

Les au tres, i mi tant son ex em-ple, l'y re joi gni rent peu à peu.

La mè re, en chan tée, leur fit bien des gen ti lles ses et leur a pprit en sui te à cher cher leur nou rri tu re.

Les nou veaux ha bi tants de l'air pro fi tè rent si bien des le çons de leur mè re que, quel ques jours a près, cha cun par tit de son cô té et ne re vint plus.

Les pe tits oi seaux, de ve nus grands, se sé pa rè rent pour tou jours.

I ma ge fi dè le de la fa mi lle.

Vos pa rents ont bien soin de vous, chers en fants, pen dant que vous êtes jeu nes; un jour vien dra où, de ve nus grands, vous leur di rez a dieu.

Mais, dans vo tre cœur, vous con ser ve rez tou jours bien pré cieu se ment leur sou ve nir.

Tout en fant bien né n'ou blie ja mais ses pa rents, sur tout dans le mal heur.

39me Leçon.

Le Jardin.

Avec ma sœur Alix, nous avons été nous promener au jardin potager.

Le jardin potager est celui où l'on plante des légumes.

Nous avons vu des choux, des carottes, des oignons, de l'oseille, des épinards, des pois, des artichauts, des haricots, etc....

Le long des allées, il y a des fleurs.

Nous avons reconnu la rose, la pensée, la tulipe, l'œillet, le dahlia, etc....

Le long des a llées, il y a beau coup d'ar bres à fruits.

Nous a vons cuei lli des ce ri ses, des pru nes, des a bri cots ; plus tard, nous pou rrons ré col ter des pê ches, des fi gues, des rai sins, des po mmes, des poi res, etc....

Le jar din est clô tu ré par des murs é le vés qui em pê chent les ma rau deurs de ve nir vo ler.

Con tre les murs sont des ar bres frui tiers : on les a ppel le es pa liers.

C'est le jar di nier qui a soin du jar din.

Pour tra vail ler la ter re, il se sert de la bê che, du ra teau, du rou leau, du cor deau, de la brou et te, etc.

Jo seph, no tre jar di nier, ta ille les ar bres a vec u ne ser pet te ou un sé ca teur ; il a rro se a vec la pom pe et les a rro soirs.

Jo seph ai me bien son jar din,

au ssi nos pa rents sont très contents de lui.

Il four nit lar ge ment les lé gumes né ces sai res à la mai son, et les fruits, ob jets de ses soins les plus a ssi dus, or nent no tre ta ble pres que tou te l'a nnée.

Il a rri ve quel que fois que les oi seaux viennent pi co ter les fruits ou enle ver ses semai lles ; a lors Jo seph fait un é pou van tail, c'est-à-di re un bon ho mme en

pa ille a vec un grand cha peau et un fu sil.

Jo seph nous ai me beau coup ; il nous do nne des fleurs et des fruits, mais il ne veut pas que nous tou chions à quel que cho se dans le jar din ; il veut, dit-il, sa voir ce qui s'y pa sse.

Pa pa dit qu'il a raison.

Au ssi, quand je vais m'y pro-me ner, je me gar de bien de tou-cher à quel que cho se sans la per mi ssion de Jo seph.

Le Chant des Oiseaux.

Que chantez-vous, petits oiseaux ?
Je vous regarde et vous écoute.
C'est Dieu qui vous a faits si beaux,
Vous le chantez sans doute.

Son nom vous anime en ces bois.
Vous n'en célébrez jamais d'autre.
Faut-il que mon ingrate voix
N'imite pas la vôtre ?

Vos airs si tendres et si doux
Lui rendent tous les jours hommage.
Je le bénis moins que vous
Et lui dois davantage.

Le Père de Latour.

40me Leçon.

Les Fleurs.

Ma man ai me bien les fleurs.

Quand je vais me pro me ner a vec pa pa et que je lui ap por te un pe tit bou quet, elle me re mer cie bien ten dre ment; j'ai vu mê me, par fois, u ne lar me qui per lait à ses yeux et qui sem blait me dire: En fant, tu as fait plai sir à ta mè re!....

Nous a vons vou lu, a vec ma sœur Ro se, lui mé na ger u ne sur pri se à l'o cca sion de sa fê te.

No tre bo nne, que nous a vons mi se dans la con fi den ce, nous a pro cu ré un bou quet fort gen til.

Mais a vec le bou quet, il fa llait un com pli ment.

Nous nous y so mmes mis à deux; car la cho se n'est pas fa ci le.

Ro se me dic tait et moi j'écri vais.

Le com pli ment ter mi né et bien co rri gé, nous l'a vons re le vé sur u ne be lle gran de feui lle.

A près l'a voir re lu plu sieurs fois, nous nous so mmes par ta gé les rô les.

Il a é té con ve nu que Ro se pré sen te rait le bou quet et que je li rais le com pli ment.

La bo nne nous a fait u ne toi- let te de cir cons tan ce et nous nous so mmes a van cés dou ce ment vers la cham bre de ma man.

A rri vés à la por te, nous fra- ppons : toc, toc!...

— En trez, nous dit la voix de ma man.

La por te s'ou- vre et nous voi ci près de no tre mère vé né rée, te nant, l'u ne le bou quet et l'au tre le com pli ment.

A près u ne pro fon de ré vé ren ce, je lis bien haut :

Chè re ma man,

C'est de main la fète de sain te Ro se, vo tre glo ri eu se pa tro nne et nous ve nons vous la sou hai ter.

Vos en fants vous ai ment trop pour man quer à ce de voir de pi é té fi li a le.

De tout cœur ils pri ent sain te Ro se ce vous con ser ver la san té et de vous ren dre tou jours heu-reu se.

Pour con tri bu er à ce bon heur, chè re ma man, nous vous pro met-tons d'ê tre tou jours bien sa ges et de ne ja mais vous fai re de la pei ne.

Vo tre fils qui vous ai me ten-dre ment.

VALENTIN.

Puis ma sœur, à son tour, en pré sen tant le bou quet :

Bien chè re maman,

Dans le bou quet que je suis heu reu se de vous o ffrir, il y a di ffé ren tes fleurs.

Ce sont les em blè mes des ver tus que vous po ssé dez, et les sym bo les de cel les que nous vou lons ac qué rir.

Veu illez, chè re ma man, em-bra sser vos en fants, et ils se ront heu reux.

Vo tre pe ti te fi lle qui vous ai me de tout son cœur.

Rose.

Ma man a ré pon du :

— Vous me fai tes, chers en fants, u ne sur pri se qui m'est très a gré a-ble, car il est bien beau de vo tre part d'a voir pen sé à ma fê te.

Vo lon tiers, je re çois vos vœux et je vous em bra sse pour le bon heur que vous me pro cu rez.

Ren dons-nous au près de vo tre pè re pour lui do nner le plai sir de vo tre fi li a le a ffec tion et le pré ve nir de la pe ti te fê te que je veux vous do nner ce soir, en a tten dant u ne bel le pro me na de pour de main.

Et nous nous so mmes é cri és: Mer ci, chè re ma mam! Vi ve sain te Ro se!

La Mère.

Que vous devez aimer votre maman si chère,
Qui souffrit tant pour vous, qui vous comble de soins!
Voyez comme elle sait prévenir vos besoins;
Rien ne peut égaler la bonté d'une mère.

DEUXIÈME PARTIE

LECTURE COURANTE

41me Leçon.

Combien il est important de savoir lire.

Près de la maison de la mère Mathurine, il y avait un bois où ses deux enfants, Georges et sa sœur Léontine, s'amusaient souvent.

Un jour, en poursuivant un joli papillon, ils s'avancèrent beaucoup dans l'intérieur de la forêt.

Quand ils voulurent retourner à leur maison, ils ne trouvèrent plus leur chemin.

Alors, ils se mirent à pleurer et appelèrent au secours, mais personne ne les entendit.

Pensez, enfants, combien ils regrettèrent leur imprudence et leur désobéissance ; car leur maman leur avait défendu bien des fois de s'éloigner.

Alors, ils allèrent à l'aventure, au risque de se perdre ou d'être dévorés par les loups.

Mais bientôt ils rencontrent un chemin, le suivent quelque temps et arrivent à un endroit où quatre routes aboutissaient.

Beaucoup d'entre vous, chers enfants, auriez été embarrassés, car vous vous seriez dit : Quelle route faut-il prendre?... Quelle est la bonne?... Et vous auriez pu vous tromper.

Comme à l'entrée de chaque route il y avait des poteaux indicateurs, Georges, qui savait lire, vit le nom de la route qui passait non loin de la maison.

Ainsi, il fut tiré d'embarras et put se rendre chez ses parents.

Voyez, chers enfants, combien il est important de savoir lire.

Apportez donc toute votre attention à cette étude, afin que lorsque vous aurez fini la deuxième partie de ce livre, que vous commencez aujourd'hui, vous sachiez lire couramment.

Deux choses sont nécessaires pour cela : Suivre constamment pendant la lecture, et prêter une grande attention aux observations du maître.

La lecture est la clef de la science.

Exhortation.

Enfants, de ces leçons tâchez de profiter ;
C'est mon amour pour vous qui dicta mon ouvrage.
Heureux si, par mes soins, vous pouvez éviter.
Les maux que doit souffrir l'enfant qui n'est pas sage.

Mme R. du H.

42me Leçon.

Jésus le modèle des enfants.

Il est dans votre école, jeune enfants, une image qui rappelle une longue histoire que tout chrétien doit savoir ; c'est celle de Notre Seigneur Jésus-Christ.

La fête de Noël nous rappelle sa naissance, qui eut lieu à Bethléem, dans une pauvre étable.

Elle fut annoncée aux bergers par un ange et aux mages par une étoile miraculeuse.

Sa mère, la très sainte Vierge Marie, était bien pauvre ; n'ayant pas de berceau, elle coucha le saint Enfant dans une crèche.

Comme c'était au milieu de la nuit et qu'il faisait froid, un âne et un bœuf, qui se trouvaient là, s'approchèrent pour le réchauffer de leur haleine.

L'Enfant Jésus grandit dans la maison de la sainte Vierge et de saint Joseph son père nourricier ; et, à mesure qu'il avançait en âge, il donnait de plus grandes marques de sagesse et de sainteté.

L'Evangile, qui contient la vie de Notre-Seigneur, la résume en ces trois mots : *il leur était soumis !*

A l'âge de trente ans, il se mit à prêcher et à enseigner sa doctrine aux hommes.

Il aimait particulièrement les enfants, se plaisait à les caresser, et disait souvent ces belles paroles : *Laissez venir à moi les petits enfants.*

Notre Seigneur prouva sa divinité par ses nombreux miracles : il guérissait les malades, rendait la vue aux aveugles, l'ouïe aux sourds, l'usage des membres aux paralytiques ; enfin il ressuscita plusieurs morts.

Quelque temps avant sa mort, il institua les sept sacrements pour nous appliquer ses grâces et établit l'Église pour continuer son œuvre.

Bien qu'il n'eût fait que du bien aux hommes, ceux-ci, toujours méchants et injustes, le condamnèrent à mort et le crucifièrent, c'est-à-dire le clouèrent à une croix.

L'Église, chers enfants, continue en ce monde l'œuvre de Notre Seigneur Jésus-Christ. Le prêtre ou le curé le représente dans sa paroisse, l'évêque dans son diocèse, et le pape dans toute l'Église.

La doctrine de l'Église est renfermée dans le catéchisme, et les vérités que nous devons croire sont contenues dans le Symbole des Apôtres, que tout enfant doit savoir.

43me Leçon.

Ordre de la journée de l'enfant chrétien.

Le matin, au premier signal de ses parents, il se lèvera, fera le signe de la croix et s'habillera avec modestie.

Ensuite, il se mettra à genoux et dira sa prière avec attention et piété.

Après cela, il souhaitera le bonjour à son papa et à sa maman, ainsi qu'aux autres personnes qui se trouvent à la maison.

S'il a du temps avant le déjeuner, il étudiera ses leçons et finira ses devoirs.

Avant de prendre ses repas, il dira le *Benedicite*, acceptera avec reconnaissance ce qu'on voudra bien lui donner, disant merci chaque fois qu'on lui servira quelque chose.

Il mangera avec retenue et propreté et aura soin de ne salir ni ses habits ni la nappe.

Après le repas, il témoignera sa reconnaissance envers le bon Dieu en disant une petite prière.

S'il peut, chaque jour, entendre la sainte messe, il s'en fera un bonheur.

Dans les rues, il marchera tranquillement, saluant les personnes qu'il connaît, et se rendra à l'école sans s'amuser en route.

Dans la classe, il écoutera attentivement le maître, étudiera bien ses leçons, s'appliquera à la lecture, à l'écriture, au calcul et à tout ce qui se fait dans sa division.

Il se tiendra bien propre, ne fera de *pâtés* ni sur ses livres, ni sur ses cahiers; il n'y aura jamais de l'encre sur ses doigts.

Après la classe, il retournera gentiment chez lui, ne faisant rien dans la rue qui annonce un enfant dissipé, étourdi, méchant; à moins d'un bon motif, il prendra le chemin le plus court.

A la maison, il sera bien obéissant, honnête, sincère dans ses paroles, et ne se montrera difficile ni pour la table, ni pour ses habits.

Si on lui doune quelque chose, il remerciera poliment. Il aura soin de tout, afin de le ménager et de le faire durer le plus longtemps possible.

Enfin, quand le soir sera venu, il fera ses devoirs, et terminera la journée par la prière, qu'il dira avec grande piété.

Puis, ayant souhaité le bonsoir à ses parents et autres personnes qui seraient à la maison, il ira prendre son repos.

Il se déshabillera avec modestie, fera le signe de la croix et s'endormira sous le regard du bon Dieu et sous la garde de son ange gardien.

Les deux anges gardiens.

« On prétend que chacun a son ange gardien ;
Moi, je n'ai jamais vu le mien ».
Disait en se couchant le petit Irénée.
« — En es-tu sûr ? lui dit sa sœur aînée ;
Regarde encor, regarde bien,
Ouvre un peu ce rideau, » L'enfant l'ouvre et derrière,
Trouve une personne bien chère.
« Ah ! c'est maman, dit-il, en tombant dans ses bras ;
J'ai deux anges gardiens, l'un que l'on ne voit pas,
Et l'autre visible : Ma mère ! »

J.-M. Villefranche.

44me Leçon.

Benoît, le petit pâtre.

Vous aimez bien les histoires, chers enfants, et vous les lisez avec plaisir.

En voici une qui renferme plusieurs leçons dont vous tâcherez de profiter.

Un petit garçon, dont le père était mort et que la mère ne pouvait nourrir, fut mis dans une ferme pour garder un troupeau de vaches, de moutons et d'agneaux.

Benoît ne pouvait aller à l'école ; et cependant il voulait apprendre à lire.

Tout en gardant les bêtes, il suivait

le livre que Monsieur le Curé lui avait prêté à cette effet.

Il arriva bien quelquefois qu'au milieu d'un mot, il fallut crier après la bête qui s'écartait : Hue, Blanchette ; hue ! la Grise ! Mais n'importe : Benoît retrouvait le mot du livre et continuait sa leçon.

Du reste, comme si les bonnes bêtes du troupeau voulussent aider leur gardien dans ses études, elles étaient fort dociles.

Les petits agneaux même semblaient se mettre de la partie. Après avoir bien gambadé, bien sauté, ils venaient tout près du petit pâtre, fixaient attentivement les lettres et semblaient vouloir aussi apprendre à lire.

Or, un jour que Benoît lisait dans son livre, un Monsieur vint à passer dans le champ. Voyant le petit garçon sérieusement occupé, il lui demanda si ce troupeau lui appartenait.

— Oh ! non, Monsieur, nous sommes trop pauvres, le troupeau est à un Monsieur de Paris.

LE MONSIEUR. — Que font tes parents ?

BENOIT. — Mon père est mort et ma mère n'est pas bien portante, par suite de l'excès de travail qu'elle s'impose pour nourrir ses enfants.

LE MONSIEUR. — Combien êtes-vous d'enfants ?

BENOIT. — Quatre, et c'est moi le plus grand ! Afin de soulager ma mère, je garde le troupeau du Monsieur de Paris, lequel m'habille et me nourrit. Mais je voudrais bien gagner quelque chose pour assister ma mère et l'aider à élever mes deux sœurs et mon petit frère.

LE MONSIEUR. — Si tu veux me vendre un de tes moutons, je te donnerai de l'argent et, alors, tu pourras assister ta mère et la rendre heureuse.

Benoit. — Mais, Monsieur, je ne le puis pas ; je vous ai dit que ces bêtes ne m'appartiennent pas ; et il ne m'est permis de vendre ni leur laine ni leur lait, ni, à plus forte raison la bête elle-même.

Le Monsieur. — Mais tu diras à tes maîtres que le loup l'a mangée.

Benoit. — Moi, Monsieur, mentir, voler, nenni ! jamais !

Le Monsieur. — Mais ton maître est si riche qu'il ne saura pas qu'il lui manque un agneau.

Benoit. — Le bon Dieu le saura, et cela me suffit. Au reste, si vous n'avez à me dire que de semblables paroles, vous pouvez les garder, car ce n'est pas là le langage de ma bonne mère, ni celui de Monsieur le Curé.

Le Monsieur. — Non, mon enfant, je ne veux pas te faire voler ton maître. Si je t'ai parlé ainsi, c'était uniquement pour voir si le bien qu'on m'a dit de toi est vrai. Maintenant, j'en ai la preuve.

Pour t'assurer de mon affection et de l'estime que j'ai pour toi, écoute ce que je vais te dire.

Je viens d'hériter de la maison que vous occupez : je la donne à ta mère, à cause de toi, et j'y joins une vache avec la permission de la faire paître dans mon pré, et cela pour toujours.

Benoit. — Ce que vous dites-là, Monsieur, est-il bien vrai ? Je ne puis croire à tant de bonheur. A nous la maison ! à nous une vache ! ô bonne mère ! sèche tes larmes, tu seras désormais heureuse, car tu auras du lait pour y tremper ton pain. Que je suis content pour toi !

Le Monsieur tint parole. La famille fut, par la suite, plus à son aise ; Benoît put aller à l'école et resta le meilleur enfant du village.

Apprenez, chers enfants, qu'on gagne toujours à être sage et vertueux

Le départ pour l'école.

Écolier, qui pars pour l'école,
Garde-toi de traîner le pas;
En chemin ne t'amuse pas,
Mais songe à l'heure qui s'envole.

Pour ton modèle et tou symbole,
Si tu m'en crois, tu choisiras,
Non pas le papillon frivole,
Trop ami des joyeux ébats,

Mais l'abeille toujours pressée,
Qui butine dans la rosée,
Toutes les fleurs riches en miel.

« Jamais d'école buissonnière »,
Dit cette bonne conseillère
Qui voltige entre terre et ciel.

H. Durand.

45me Leçon.

L'obéissance.

Avez-vous remarqué, chers enfants, combien Anatole était triste, en venant à l'école, ce matin ?

Voulez-vous en savoir la cause ?

C'est que le petit Noël a apporté de jolies choses à sa sœur Julia, tandis que lui n'a rien reçu ; pardon ! je me trompe, il a reçu quelque chose.... Savez-vous quoi ?... Un paquet de verges !...

Pourquoi cette différence de récompense, me direz-vous ?

C'est que Julia est très obéissante, tandis qu'Anatole ne l'est pas du tout.

Jugez-en vous-même par le dialogue suivant que j'ai entendu un jour :

La Maman. — Julia, c'est six heures et demie, il faut vous lever.

Julia. — Oui, maman.

La Maman. — Il faut dire votre prière, étudier vos leçons.

Julia. — Oui, maman.

La Maman. — Julia vous mettrez le couvert pour le déjeuner.

Julia. — Oui, maman.

La Maman. — C'est huit heures, il faut partir à l'école.

Julia. — Oui, maman.

Elle embrasse tendrement sa maman, part bien contente et bien disposée à passer une bonne journée.

A l'école, Julia fait comme à la maison ; aussi, elle est la première de sa division et on la cite comme une enfant modèle. A coup sûr, elle aura les premiers prix à la fin de l'année scolaire, et sera couronnée par M. le Curé ou par M. le Maire.

En sera-t-il de même de son frère Anatole ? Je n'ose l'espérer. Il faut lui commander plusieurs fois la même chose, et même sa maman doit parler de temps en temps bien fort pour le faire obéir.

Par suite, ses devoirs sont négligés, ses leçons ne sont pas sues ; et alors viennent les pénitences et le pain sec ; toutes choses fort désagréables et que, certainement, on ne récompensera pas aux prix.

Cependant, Anatole a compris la signification des verges. Petit à petit, il les a fait disparaître, se promettant bien de ne plus mériter un pareil Noël.

Encouragé par les conseils de sa maman et excité par les exemples de sa sœur, il s'est mis sérieusement au travail.

Voyez, chers enfants, la différence de ces petits mots *oui*, et *non* :

Oui : c'est l'obéissance ; c'est la joie ; c'est le bonheur.

Non : c'est la désobéissance, l'entêtement, la tristesse ; ce sont les pénitences.

Quel est votre choix entre ces deux mots ?

Ah ! je vous entends, vous dites : ce sera *Oui*.

C'est cela ; et ainsi vous montrérez que vous êtes polis, bien élevés et que, à l'exemple du saint Enfant Jésus, votre modèle, on pourra dire de vous que vous grandissez en sagesse et en obéissance, en même temps que vous avancez en âge.

L'Obéissance.

A ses parents, l'obéissance
N'est pas, pour un enfant, seulement un devoir,
C'est son bouclier, sa défense,
Au milieu des périls qu'il ne saurait prévoir.

Didot.

46me Leçon.

Le Travail.

Parfois il vous en coûte, chers enfants, pour être sages, appliqués à vos devoirs, attentifs aux leçons de vos Maîtres ; rappelez-vous alors que l'on n'a rien sans peine et que le plaisir de savoir lire et écrire vaut bien la peine de se donner un peu de mal pour l'apprendre.

Votre papa et votre maman travaillent beaucoup pour vous nourrir et vous habiller ; pourquoi ne feriez-vous pas quelque chose comme eux ?

D'ailleurs, tout travaille dans la nature, depuis le bœuf puissant qui laboure le champ jusqu'au petit oiseau qui fait son nid.

Écoutez, à ce sujet, une petite histoire.

Par un beau jour d'été, un enfant de votre âge, nommé Maurice, allait à l'école.

Le soleil dorait de ses rayons les coteaux et les vallons; les prés répandaient un doux parfum; les insectes aux ailes d'or butinaient sur les fleurs, et les oiseaux, au brillant plumage, animaient la nature de leur doux ramage.

— Que fais-tu là? dit Maurice à une abeille; tu voles, tu cours sur les fleurs; tu es bien heureuse de t'amuser ainsi toute la journée!

L'ABEILLE. — Je ne m'amuse pas, enfant, je travaille : je recueille le miel des fleurs pour le porter à ma ruche, faire ma provision pour l'hiver et nourrir les jeunes abeilles qui ne peuvent encore voler.

Au revoir, enfant; car je suis pressée.

L'enfant s'adressa alors à un oiseau :

— Que tu me parais heureux! gentil oiseau; tu voles à travers l'espace, dans les bois, tu cours dans l'épais buisson, tu grimpes sur l'écorce de l'arbre, tu effleures l'eau du ruisseau, tu vas, tu viens, tu t'amuses ainsi toute la journée. Que ta vie me paraît heureuse !

L'Oiseau. — Enfant, je ne m'amuse pas ; ma journée est bien remplie, je t'assure. Depuis le lever du soleil jusqu'à son coucher, je ne perds pas un instant ; il faut tant de choses pour bâtir son nid et pour élever sa petite famille ! Au revoir, enfant ; car je suis pressé : mes oisillons attendent leur becquée.

L'enfant s'adressa alors à un gentil écureuil qui prenait ses ébats sur les plus hautes branches d'un arbre.

L'Enfant. — Tu es heureux, au moins, toi ? Tu n'as pas de leçons à apprendre, de devoirs à faire, tu es libre ;

tu passes ta vie à sauter d'un arbre à l'autre, à te suspendre aux branches légères pour remonter et sauter toujours.

Tu te nourris aisément; tu te rafraîchis à l'eau pure du ruisseau, tu te garantis des rayons trop ardents du soleil en étalant le panache de ta belle queue. Toutes tes journées se passent ainsi dans l'amusement. Oh! que je voudrais, comme toi, m'amuser toute la journée! j'envie ton bonheur, ô gentil écureuil!

L'Écureuil. — Enfant, le bonheur est dans le travail.

Loin de m'amuser, je suis constamment en course pour chercher ma nourriture, celle de ma petite famille, et faire mes provisions d'hiver.

Enfant, travaille pendant que tu es

jeune, et un jour tu recueilleras les fruits de ton labeur, c'est-à-dire la santé, la fortune et le bonheur.

Au revoir ; car je suis pressé,

L'enfant, se voyant ainsi rebuté, continua sa marche vers l'école.

Il réfléchit à ce que lui avaient dit ces bestioles, et, pressé, d'autre part, par l'exemple de ses parents, il se mit tout de bon au travail. Comme l'abeille, il voulut faire sa provision pour l'hiver, c'est-à-dire pour sa vie, et il fit si bien, que plus tard, il n'eut qu'à se louer du conseil de l'abeille.

Faites comme lui, enfants, et, comme lui, vous n'aurez qu'à vous féliciter de l'ardeur que vous aurez mise à vous instruire.

Fuyez la paresse.

Ne vous laissez jamais aller à la paresse ;
Faites tous vos devoirs avec la même ardeur.
Le dégoût suit toujours l'indolente mollesse,
La peine surmontée augmente le bonheur.

Morel de Vindé.

47me Leçon.

La Probité.

Il est un article de la loi de Dieu que l'on énonce ainsi :

Le bien d'autrui tu ne prendras
Ni retiendras à ton escient.

Ce commandement défend de prendre au prochain ce qui lui appartient pour se l'approprier.

Il y a des hommes et même des enfants qui, oubliant cette défense, méritent le nom de voleurs et qui, par suite, sont envoyés à la prison où les gendarmes les enferment.

Pour vous prémunir contre ce triste défaut et vous montrer comment les voleurs sont souvent pris, voici deux histoires que vous lirez avec plaisir et peut-être même avec profit.

Le Sansonnet.

Le vieux chasseur Maurice avait dans sa chambre un sansonnet qu'il avait dressé et qui savait articuler quelques paroles.

Quand il disait par exemple : « Sansonnet, où es-tu ? » L'oiseau ne manquait jamais de répondre : « Me voici ! »

Le petit Charles, fils du voisin, prenait plaisir à l'entendre et lui faisait souvent des visites.

Un jour que le chasseur n'était pas dans sa chambre, Charles s'empara bien vite de l'oiseau, le mit dans sa poche et voulut l'emporter chez lui.

Mais dans ce moment même, le chasseur entra. Il voulut faire plaisir à l'enfant, en demandant comme de coutume : « Sansonnet où es-tu ? — « Me voici ! » cria de toutes ses forces l'oiseau caché dans la poche du petit garçon.

Charles fut bien honteux ; malgré ses excuses et ses larmes, il fut chassé, et le garde lui défendit l'entrée de sa maison.

Le chien de garde.

Un petit garçon avait profité de l'absence du propriétaire d'un verger pour aller voler des fruits.

Il était descendu dans le jardin et se disposait à grimper sur un poirier, lorsque le chien de la ferme vint sur lui pour défendre le bien de son maître.

Le malheureux enfant n'eut que le temps de grimper sur l'arbre, pour éviter les coups de dents de l'animal irrité.

Mais le dogue ne se découragea pas ; il se coucha au pied de l'arbre et attendit patiemment que le voleur descendit.

Le pauvre maraudeur essaya de calmer le chien par de douces paroles ; mais celui-ci montrait toujours des dents menaçantes.

L'embarras du voleur devenait de plus en plus grand ; le maître pouvait arriver d'un moment à l'autre, et le chien était toujours au pied de l'arbre.

En effet, quelques instants après, le portail s'ouvrait et le propriétaire rentrait.

Le chien, comme pour faire voir qu'il avait bien gardé, se mit à aboyer.

Quelle ne fut pas la surprise du maître d'apercevoir, à demi-mort de peur, le petit voleur perché sur l'arbre. Il voulut le conduire au garde, mais le maraudeur demanda tant et si bien pardon que le maître fut touché et le laissa partir.

L'histoire dit que l'enfant fut corrigé pour toujours.

Voyez, mes amis combien on s'expose en agissant ainsi : outre qu'on offense Dieu, on risque encore d'aller en prison ce qui n'est pas gai du tout.

48me Leçon.

La Conscience.

Un jour que la petite Émilia écoutait attentivement le ramage d'une fauvette nichée dans le jardin, elle pria sa maman de la mener au nid de ce charmant oiseau.

— Je le veux bien, dit la mère ; mais auparavant, je désire savoir si tu ne connais pas une autre voix plus rapprochée de toi et qui te tient un langage autre que celui de cet oiseau.

Émilia. — Mais si, maman ; c'est votre voix quand vous me parlez.

La Mère. — Il en est encore une autre plus près de toi qui te parle constamment, et cette voix est en toi ; la connais-tu, mon enfant ?

Émilia. — Non, maman, je ne la connais pas.

La Mère. — Dis, Émilia, quand tu as fait quelque chose de mal, n'y a-t-il pas en toi une voix qui te dit : Cela n'est pas bien ; ne fais pas cela, car c'est mal ; le bon Dieu te punirait.

Émilia. — Oh oui ! maman et même que je l'entends souvent.

La Mère. — Sais-tu quelle est cette voix, ma fille ?

Émilia. — Mais non, maman.

La Mère. — Eh bien ! cette voix, c'est la conscience ; elle parle en souveraine et il faut toujours l'écouter.

La Mère. — Je ne sais que trop maman, combien j'éprouve de la peine quand j'ai fait quelque chose de mal ; j'en suis honteuse et je n'ose lever les yeux.

La Mère. — La conscience fait parfois des reproches, et même des reproches amers ; ces reproches, c'est ce qu'on appelle des remords.

C'est Dieu, mon enfant, qui a mis une conscience en notre âme pour nous guider et nous conduire au ciel.

Résister à la conscience, c'est se révolter contre Dieu.

ÉMILIA. — Oh ! alors, j'écouterai toujours ma conscience, par que c'est la voix de Dieu qui parle en moi.

LA MÈRE. — C'est le conseil que je te donne, ma chère enfant : car nous ne pouvons être heureux qu'en faisant la volonlé de notre Père du ciel, volonté que notre conscience nous rappelle sans cesse.

Maintenant, allons voir le nid de la fauvette.

L'Alouette.

Le jour vient de paraître. Ecoutez l'alouette ;
Elle monte, elle monte et, de sa chansonnette,
Va saluer d'accord le soleil dans les cieux ;
Ensuite elle revient picoter sur la terre.
Ainsi l'enfant pieux
Commence sa journée en faisant sa prière.

J.-M. VILLEFRANCHE

49me Leçon.

Qui s'expose au danger y périra.

Il y avait une fois une belle nichée de souriceaux. Leur poil était d'un beau gris cendré et leurs moustaches de belle longueur.

Plusieurs fois déjà, ils étaient sortis de leur nid pour reconnaître les environs.

Prévoyant les dangers qu'ils allaient courir, leur mère leur avait dit : Mes chers petits, j'ai bien des craintes à votre sujet.

Les hommes ne nous aiment pas. Les chats nous aiment..., mais pour nous croquer. Écoutez donc les conseils que je vais vous donner.

Gardez-vous des chats, ce sont nos grand ennemis ; mais gardez-vous aussi des pièges que nous tendent les hommes.

— Comment les reconnaître ? dit un souriceau.

— Quand vous verrez une brique levée et retenue par trois petites réglettes diposées comme le chiffre 4; ou bien encore une sorte de boîte, au-dessus de laquelle se trouve une réglette tenant suspendue la porte de la boîte : vous vous direz : Voilà des pièges à souris.

N'approchez pas mes mignons ; car, comme beaucoup d'autres de notre espèce, vous y serez fatalement pris.

Les souriceaux firent les plus rassurantes promesses à leur mère.

Cependant, l'un d'eux, plus audacieux que les autres, voulut aller un peu plus loin que les jours précédents.

Se sentant attiré par l'odeur de certain morceau de lard, il avance, avance encore et aperçoit l'objet tentateur.

Hélas ! Il est devant certaine boîte ressemblant beaucoup à celle dont lui a parlé parlé sa mère, il y a quelques jours.

Le souriceau recule d'épouvante.

Cependant, le morceau de lard fleure bon ; il paraît de grosseur passable et surtout appétissant.

Le souriceau revient sur ses pas, regarde... tourne autour du piège pour cherche à avoir le lard sans passer par la porte toute grande ouverte sur le devant de la boîte ; mais il n'y a pas moyen.

Alors, il approche le museau pour mieux sentir..., il recule..., il revient... ; il ne veut que toucher le lard ; il y porte la dent, et, crac! la planchette tombe et le souriceau est en prison.

Il regretta alors son imprudence, sa témérité, sa désobéissance ; mais c'était trop tard.

Quelques heures après, il était donné à manger à Raminagrobis.

Il avait oublié, le petit désobéissant, les conseils de sa mère et le proverbe que nous avons cité en tête de cette leçon : *Celui qui s'expose au danger y périra.*

Mes enfants, soyez plus sages ; écoutez les conseils de votre mère, et éloignez-vous des dangers, des occasions de faire le mal, sans quoi vous deviendrez fatalement la proie du démon.

VERBE.
(Futur toujours)

Je serai toujours bien obéissant,
Tu seras toujours bien obéissant,
Il sera toujours bien obéissant,
Elle sera toujours bien obéissante,
Nous serons toujours bien obéissants,
Vous serez toujours bien obéissants.
Ils seront toujours bien obéissants,
Elles seront toujours bien obéissantes.

50me Leçon.

La Providence.

Savez-vous, mes enfants, qui a enseigné au petit oiseau à faire son nid ?

Qui lui a dit de pondre des œufs et qu'il en sortira des petits ?

Qui a montré à l'abeille à faire, avec le suc des fleurs, ce miel si doux et si bienfaisant ?

Qui a dit à la fourmi d'amasser des provisions pour l'hiver ?

C'est le bon Dieu !

C'est *Lui* qui a donné à l'homme la vache et la chèvre, pour se nourrir de leur lait ; le mouton, pour se couvrir de sa toison ; le cheval et l'âne, pour le porter et travailler ses champs, et les oiseaux de la basse-cour, pour lui fournir une nourriture saine et délicate.

Savez-vous qui a donné à l'oiseau

ses belles plumes, son chant harmonieux, à la fleur son éclat et son parfum ?

C'est encore le bon Dieu.

Savez-vous qui a mis dans le cœur de vos bons parents ce grand amour qu'ils ont pour vous ?

C'est le bon Dieu, toujours !

C'est *Lui*, qui a tout fait ici-bas ; c'est *Lui* qui prend soin de tout, et rien n'arrive sans sa permission.

C'est *Lui*, mes amis, qui a tracé aux astres leur route dans l'espace ; c'est *Lui* qui guide le pilote à travers les mers, le voyageur à travers les déserts et les pauvres de porte en porte pour recevoir un morceau de pain !

C'est *Lui* qui guide l'oiseau dans les airs, le poisson dans les eaux de l'océan, et la bête féroce dans les profondeurs des bois.

C'est *Lui* qui mûrit les moissons et les fruits pour la nourriture de l'homme.

C'est *Lui* qui vous a mis sur la terre pour le connaître, l'aimer et le servir ; c'est *Lui* qui vous a donné ce bon papa qui travaille sans cesse pour vous, cette bonne maman qui vous aime et qui n'est heureuse qu'autant que vous l'êtes vous-mêmes.

Aimez donc le Seigneur, enfants, parce qu'il a fait toutes les merveilles que vous admirez et qu'il les a faites pour vous.

Vous l'aimerez de tout votre cœur et le prierez pour vos bons parents, afin qu'il vous les conserve et les rende heureux.

Bonheur d'aimer Dieu.

D'un cœur qui t'aime,
Mon Dieu, qui peut troubler la paix?
Il cherche en tout la volonté suprême ;
Il ne se cherche jamais.
Sur la terre, dans le ciel même,
Est-il d'autre bonheur que la tranquille paix
D'un cœur qui t'aime?

RACINE.

51me Leçon.

La Charité.

Il faut s'aider les uns les autres.

Jérôme, un fort garçon de 12 à 13 ans, allait de bon matin à son ouvrage, lorsque dans une rue étroite, une vieille dame, sortant d'une église, fit un faux pas et tomba.

Jérôme s'approcha aussitôt et l'aida à se relever. Mais la dame s'était fait une entorse à la cheville et ne pouvait marcher seule.

Jérôme lui prêta alors gentiment le bras et la conduisit, tant bien que mal, à son domicile.

La dame voulut remercier Jérôme; mais celui-ci avait déjà repris le chemin de son atelier et courait à toutes jambes pour ne pas être en retard.

Jérôme avait été frappé des bonnes paroles que la dame lui avait dites le long du chemin, tandis qu'il la reconduisait chez elle; aussi, dès qu'il fut libre, à midi, il alla sonner à la porte de la dame pour avoir de ses nouvelles.

La dame pensa que c'était pour avoir une récompense qu'il venait; elle lui offrit une pièce de dix francs.

Mais l'aimable jeune homme se sentit offensé de cette offre et refusa net.

Ce refus intrigua la dame. Désirant en savoir le motif, elle pria l'enfant de revenir le soir, afin d'avoir plus de temps à causer.

— Volontiers, Madame. J'ai, d'ailleurs, beaucoup de plaisir à vous entendre, et puis votre figure et vos bonnes paroles me rappellent si bien ma chère grand'mère, que chaque fois que je vous regarde ou que je vous entends, il me semble la voir et l'entendre.

Ces paroles, dites avec émotion, augmentèrent la curiosité de la dame et, à l'arrivée de l'enfant, la conversation s'engagea de la sorte entre elle et Jérôme :

La Dame. — Qui êtes-vous, mon enfant ?

Jérôme. — Un pauvre orphelin, Madame. Ma mère, je ne l'ai jamais connue ; mon père est mort lorsque j'avais à peine six ans. Je fus recueilli par ma grand-mère, qui mourut peu de temps après mon père. Depuis, je suis chez une amie de ma grand'mère ; mais je commence à lui être bien à charge. Le peu d'argent que lui remit ma grand'mère touche à sa fin ; je serai donc obligé de sortir de chez elle, et où me retirerai-je ?

La dame, que ce récit toucha jusqu'aux larmes, lui dit : Veux-tu, mon enfant, venir chez moi ? je suis seule, tu me tiendras compagnie et je t'adopterai pour mon fils, si tu t'en rends digne.

— Ce serait trop de bonheur pour moi Madame ; mais je ne voudrais pas quitte la mère Grégoire comme un malhonnête.

— Ceci est encore en ta faveur, mon ami, et je t'en estime davantage ; sois tranquille : j'arrangerai tout avec la mère Grégoire.

Quelques jours après, la dame, remise de son accident, installait chez elle le jeune orphelin et assurait son avenir.

Voyez, mes enfants, comment un léger service se trouve récompensé,

L'enfant trouve un appui chez une dame charitable, et celle-ci le cœur d'un fils dans un orphelin reconnaissant.

Un bienfait n'est jamais perdu.

52me Leçon.

La Politesse.

Vous voulez tous qu'on vous aime et qu'on vous estime, n'est-ce pas, chers enfants ? Eh bien ! soyez polis, et vous serez aimés, même avant d'être connus.

Lorsque dans la rue, on rencontre un petit garçon, une petite fille qui savent saluer, qui s'écartent pour laisser passer les grandes personnes, on dit : Voilà des enfants bien élevés, et on les aime.

C'est l'histoire d'un élève, nommé Isidore, que vous allez lire.

Il a obtenu le premier prix de civilité ; c'est vous dire s'il est poli et s'il peut vous servir de modèle.

A la maison, il ne dit jamais ni *oui* ni *non* tout court ; mais il a soin d'y ajouter le titre de la personne qui lui parle : oui, papa ; oui, maman,

Si c'est une autre personne, oui Monsieur, oui, Madame, oui, Mademoiselle, et toujours avec un sourire qui fait plaisir à voir.

Quelqu'un vient-il à la maison ? Il s'empresse de lui ouvrir la porte, de le prier d'entrer, il lui offre un siège, et l'engage à s'asseoir.

Il écoute la conversation, et ne s'y mêle qu'autant qu'on l'y invite. Il répond alors sans timidité, mais sans faire l'important, aux questions qui lui sont posées.

Hier sa grand'maman est venue et, comme elle marche difficilement, Isidore lui a donné le bras pour l'aider à monter l'escalier ; ensuite, il s'est empressé de lui présenter un fauteuil et de lui tenir compagnie, en attendant que sa maman fût libre.

Ses parents s'en font accompagner assez souvent dans leurs visites, parce qu'ils savent que leur fils est convenable.

Ces jours derniers, assistant à une réunion auprès de son papa, une dame, arrivée un peu tard, se trouva sans place.

Isidore lui offrit gentiment la sienne.

La dame l'embrassa, et lui dit : « Merci, mon enfant, tu es bien gentil ; tes parents sont heureux d'avoir un tel fils. »

Isidore avait été poli, prévenant.

Imitez-le à l'occasion, enfants, et rappelez-vous que la politesse coûte peu et nous fait de nombreux amis.

La Politesse.

La politesse est à l'esprit
Ce que la grâce est au visage :
De la bonté du cœur elle est la douce image
Et c'est la bonté qu'on chérit.

53me Leçon.

La pièce de vingt sous.

Il faut être poli, bon, obligeant envers tout le monde.

Savoir lire et écrire est un grand avantage, chers enfants ; c'est de l'instruction. Mais être poli, savoir rendre service est encore mieux ; c'est de l'éducation.

Écoutez à ce sujet une petite histoire.

Ludovic allait tranquillement à l'école, ses livres sous le bras, lorsqu'un étranger au pays lui demanda s'il ne connaissait pas la maison d'un monsieur qu'il lui nomma.

Ludovic la lui indiqua ; mais le monsieur, qui était fort pressé et qui avait peur de s'égarer, le pria de l'accompagner jusque-là.

Ludovic avait du temps devant lui ;

il se fit un plaisir de rendre le service qu'on lui demandait.

Arrivé à la maison, l'étranger remercia le petit garçon et lui donna une belle pièce de vingt sous toute neuve, pour le plaisir qu'il lui avait fait.

Ludovic ne voulait pas l'accepter ; mais l'étranger insista et Ludovic s'en retourna bien vite et bien content.

Sa politesse et son obligeance lui avaient fait gagner vingt sous en peu de temps.

La petite égarée.

Madeleine allait un jour faire les commissions de sa maman, lorqu'elle rencontra une petite fille qui pleurait parce qu'elle s'était égarée.

Madeleine ne la connaissait pas, mais elle en eut pitié ; c'est si pénible de voir pleurer un enfant.

Elle la consola, lui parla bien gentiment, si bien qu'elle apprit d'elle où demeuraient ses parents ; elle la reconduisit à sa maison.

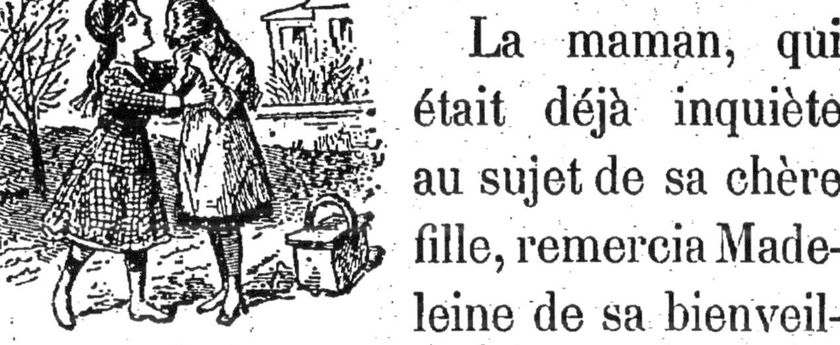

La maman, qui était déjà inquiète au sujet de sa chère fille, remercia Madeleine de sa bienveillance et lui fit accepter quelques belles pêches qu'elle venait de cueillir dans son jardin.

Madeleine, qui n'avait écouté que la voix de son bon cœur, était loin de penser que cet acte de complaisance méritât une récompense ; aussi voulut-elle refuser.

Mais la dame comprenait également son devoir ; elle savait que, pour encourager le bien, il faut parfois le récompenser. Elle insista, et Madeleine fut tout heureuse de porter à la maison les pêches qui firent un dessert délicat pour toute la famille.

Enfants, aimez à rendre service. Vous ne serez pas toujours récompensés ici-bas ; mais le bon Dieu, qui voit tout, tient compte de tout, même d'un verre d'eau froide donné en son nom, vous récompensera un jour du plaisir fait à vos semblables.

Maxime : Faites aux autres ce que vous voudriez qu'on vous fît à vous-mêmes. (Évangile.)

Donnez aux pauvres.

Enfants, donnez au pauvre, au pauvre qui vous prie ;
L'aumône est un parfum répandu sur la vie.
Donnez, donnez au nom du ciel,
Vous en aurez la récompense.
Donnez, enfants, donnez ; l'aumône de l'enfance
Devient un souvenir aussi doux que le miel.

J. Chantrel.

Table d'addition (suite).

6	et	0	font	6	6	et	5	font	11
6	.	1	.	7	6	.	6	.	12
6	.	2	.	8	6	.	7	.	13
6	.	3	.	9	6	.	8	.	14
6	.	4	.	10	6	.	9	.	15

54me Leçon.

Le Matin.

Réveillez-vous, chers enfants, et levez-vous; car la cloche sainte a sonné la prière.

Entendez son joli carillon, au son argentin : dig, din, din! dig, din, din! dong!... boum!... boum!...

La cloche dit à tous les chrétiens : Venez, enfants de la terre, venez; et, tous ensemble, chantons un cantique nouveau à la Reine du Ciel :

Ave! ave! ave! Maria!

Vos papas et vos mamans sont déjà à l'ouvrage; et vous, paresseux et paresseuses, dormirez-vous encore ?

Le laboureur a tracé plusieurs sillons

dans son champ ; et ses bœufs, pleins d'ardeur, obéissent docilement à l'aiguillon.

Les moutons et les agneaux paissent dans les landes, sous le regard du berger vigilant.

L'enclume résonne sous les coups répétés du forgeron.

Le blé, qui dore la campagne, tombe sous la faux agile du moissonneur.

Dans l'âtre cuit déjà la soupe fumante qui fera le régal de la famille,

La ménagère a déjà parcouru l'étable, et les mamelles gonflées de la vache ou de la chèvre lui ont donné des ruisseaux de lait.

Le coq matinal a donné, depuis longtemps, le signal du lever, et son kokoriko joyeux résonne au loin, dans les champs, au milieu des hôtes de la basse-cour.

Quel beau spectacle partout ! Le soleil

a déjà fait son apparition, et, à ses rayons ardents, toute la nature s'est animée.

Les petits oiseaux secouent leurs ailes engourdies par la fraîcheur de la nuit. Quelques-uns envoient, dans les airs les prémices de leurs chants; d'autres sont à la recherche de la nourriture de leurs oisillons, tandis que les mères couvent ou réchauffent les petits qui viennent d'éclore.

L'abeille, la fourmi et mille autres insectes sillonnent l'espace, et parent la nature de la variété de leurs formes et de l'éclat de leur couleurs.

Et vous, enfants, vous resteriez sur votre oreiller, au lieu de venir respirer un air pur et frais, et jouir des belles scènes que nous offre la nature à cette heure matinale !

Avant le lever du soleil, un voile couvrait la terre : c'était la nuit. On voyait au ciel de nombreuses étoiles; on n'entendait au loin que les cris lugubres des oiseaux nocturnes; mais avec le soleil, ce voile a disparu; c'est le jour, c'est le réveil.

Allons, enfants, secouez la paresse qui engourdit vos membres, et venez saluer votre Père qui est aux cieux.

Hymne de l'enfant à son réveil.

O Père qu'adore mon père !
Toi qu'on ne nomme qu'à genoux;
Toi dont le nom terrible et doux
Fait courber le front de ma mère !

Donne au malade la santé,
Au mendiant le pain qu'il pleure,
A l'orphelin une demeure,
Au prisonnier la liberté,

Mets dans mon âme la justice,
Sur mes lèvres la vérité;
Qu'avec crainte et docilité,
Ta parole en mon cœur mûrisse.

LAMARTINE.

55me Leçon.

Ayons pitié des malheureux.

Le petit marchand de mouron.

Du mouron pour les petits oiseaux!... criait de sa voix perçante le petit Benoît

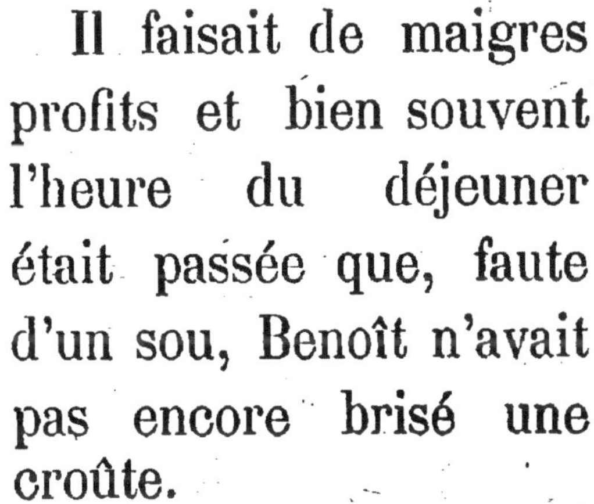

Il faisait de maigres profits et bien souvent l'heure du déjeuner était passée que, faute d'un sou, Benoît n'avait pas encore brisé une croûte.

Aussi, son teint pâle et ses joues creuses n'annonçaient que trop la souffrance.

Cependant, une dame s'intéressait à lui et, bien qu'elle n'eût pas de serin, elle l'appelait toujours et lui donnait un sou.

Benoît ne comprenait pas cette manière de faire : recevoir un sou, sans donner du mouron, c'était double profit.

Aussi, chaque fois qu'il passait devant le n° .... de la rue Saint-Placide, de sa voix la plus fine, il lançait son refrain dans les airs : *Du mouron pour les petits oiseaux !*

Un jour Mme Nicole l'appela et s'apprêtait à lui donner deux sous, lorsque sa fille s'approchant lui dit : « Mère, pourquoi donnes-tu à ce petit marchand ? Il gagne des sous en vendant son mouron, tandis que la bonne vieille Marguerite est infirme et ne peut plus travailler, »

La Mère. — Crois-tu, ma fille, qu'une charité soit mal placée entre les mains de cet enfant ? Le pain sec est sa nourriture ordinaire ; or, si, avec mes deux sous, il peut y ajouter quelque douceur, ce ne sera pas plus mal.

D'ailleurs, ce petit garçon est très honnête ; ce qu'il gagne est pour sa mère qui est malade. En lui donnant une pièce de monnaie, je fais deux heureux.

Dis-moi, Claire, après le repas, ne trouves-tu pas excellent le dessert que l'on met sur la table ? Et ne laisses-tu pas bien souvent le dîner, espérant te rattraper sur les fruits ou les friandises du dessert ?

Quant à la vieille Marguerite, tout le monde s'intéresse à elle. Elle ne manque de rien, tandis que ce petit marchand de mouron, personne ne s'en occupe. Aussi, bien souvent, manque-t-il de pain. Et cependant, il est si gentil !

Claire. — Mère, je pensais qu'on ne devait donner qu'aux malheureux, mais, puisque ce marchand t'intéresse, permets-moi d'ajouter deux sous aux tiens. Ainsi, Benoît sera doublement content. »

Cependant, le petit marchand promenait ses regards de côté et d'autre, afin de satisfaire les clients sans oublier son cher n° ....

Son espérance ne fut pas vaine, Mme Nicole se trouvait là avec sa fille et lui faisait signe d'approcher.

Quelle fut la joie de Benoît, lorque, au lieu d'un sou, il en reçut quatre !

Il voulut se confondre en remerciements, mais la mère et la fille avaient disparu.

Benoît ne voulut pas passer pour un mauvais cœur ; aussi le lendemain, il apportait, par-dessus sa marchandise, un beau bouquet de violettes qu'il avait cueillies en ramassant sa provision de mouron.

Mme Nicole accepta avec plaisir ce témoignage d'un bon cœur et remit à son protégé une belle pièce d'or, qui, pendant plusieurs mois, apporta quelque soulagement à la chaumière du marchand de mouron et lui fit penser à cette divine Providence, laquelle, par le moyen d'une âme généreuse, vient au secours des malheureux.

La maguerite et la rose.

La marguerite était éclose,
Belle à ravir ; mais quelque chose
A ses perfections manquait :
Elle était inodore. Un jour, dans un bouquet
Entre le jasmin et la rose
Elle fut mise ; elle eut le lendemain
Le parfum de la rose et celui du jasmin.
Et voilà ce que c'est, charmante marguerite,
Que d'être associée à des gens de mérite,

J.-M. Villefranche.

Table d'addition (suite).

7	et	0	font	7	7	et	5	font	12
7	.	1	.	8	7	.	6	.	13
7	.	2	.	9	7	.	7	.	14
7	.	3	.	10	7	.	8	.	15
7	.	4	.	11	7	.	9	.	16

56me Leçon.

Le Travail des champs.

Chers enfants, quittons un instant l'école et allons nous promener dans les champs.

L'air y est plus pur, les agréments plus variés et plus intéressants.

Voici d'abord le laboureur qui mène son attelage pour semer le blé, le blé qui fait le bon pain. La terre a été préparée, fumée, et aujourd'hui le semeur y répand le blé avec la main.

Voyez comme sa marche et les mouvements de son bras sont réguliers, afin de distribuer le blé partout également ?

La charrue vient ensuite et enterre le

grain : la herse unit le terrain : enfin, le rouleau qui presse la terre donne plus de force aux racines,

Dans quelques jours, on ne verra plus la terre, mais une herbe tendre et drue ; le grain aura germé et il sera sorti de terre.

Quelques mois après, les moissonneurs le couperont ; le meunier en fera de la farine que le boulanger convertira en pain.

Voyez, mes amis, que de travail pour obtenir un morceau de pain !

Merci à l'homme des champs qui cultive le grain et gloire à Dieu qui le fait croître et mûrir !

Dans une autre place, on voit le vigneron qui taille sa vigne. Le fruit de la vigne est le raisin avec lequel on obtient le vin.

La vigne demande beacoup de soins. Il faut la travailler, la fumer, la tailler, la suivre de près pendant plusieurs mois ; mais aussi, que le vigneron est content au moment des vendanges !

Toute la famille se rend gaîment à la vigne de bon matin ; on cueille les raisins et les enfants sont en liesse, parce qu'ils en mangent à volonté : la récolte est bonne.

On porte les paniers aux tonnelets qu'on videra dans la cuve où le raisin sera foulé.

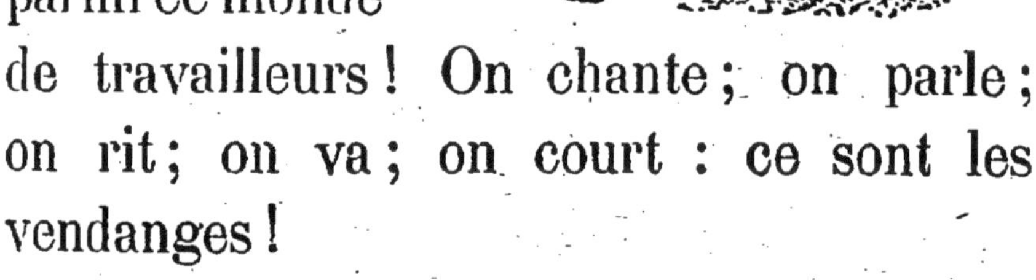

Quelle joie parmi ce monde de travailleurs ! On chante ; on parle ; on rit ; on va ; on court : ce sont les vendanges !

Il y a abondance et le vin sera bon, a dit le papa ; quel bonheur !... Honneur aux vignerons et aux vendangeurs !

Attendons quelques jours : le jus du

raisin sera converti en vin. Il aura d'abord un goût aigrelet ; mais, par la suite, il s'adoucira, prendra de la force et réjouira le cœur de l'homme sage.

Le vin n'est pas bon cependant pour les enfants ; ils doivent toujours y ajouter de l'eau. Les grandes personnes même ne peuvent le boire qu'avec modération.

Mais il est encore bien des travaux des champs que nous pouvons passer en revue.

Voici un verger rempli d'arbres fruitiers ! Il y a des cerises, des prunes, des abricots, des pommes, des poires, des figues, en un mot de tous les fruits que le bon Dieu a semés sur la terre pour l'usage de l'homme.

Dans les champs, on récolte aussi les pommes de terre, les carottes, les betteraves, les choux et une foule d'autres plantes potagères.

On y cultive le lin, le chanvre, qui

fournissent de la belle toile. On y élève les moutons qui nous donnent la laine avec laquelle on fait les vêtements chauds pour l'hiver: draps, tricots, bas, chaussettes, etc.

Que de choses nous sont données par l'homme des champs! Ses mains sont peut-être calleuses et son teint hâlé ; mais son cœur est pur et ses sentiments francs et loyaux.

Il ne connaît ni la dissimulation, ni la fraude, et son nom est honoré des anges et des hommes.

Honneur à l'homme des champs!

Le pain du travailleur.

En famille, au repas du soir,
La joie avec nous vient s'asseoir ;
Une voix dit du travailleur ;
« Le pain que l'on gagne est meilleur.
A l'œuvre, amis, et sans relâche !
Et puis, chantons pour alléger la tâche. »

E. DES CHAMPS.

57me Leçon.

L'homme doit manger pour vivre.

La petite Jeanne, au retour de l'école, aidait volontiers sa maman dans la préparation du repas ; mais elle s'ennuyait vite de cette besogne.

Aussi, un jour, après quelques instants de travail, dit-elle à sa maman : « C'est insipide d'éplucher tous les jours des légumes ; et puis, c'est que tout cela coûte beaucoup d'argent! »

La mère lui répondit : « C'est vraiment dommage, ma fille, que tu ne te sois pas trouvée au paradis terrestre, quand le bon Dieu créa l'homme ; tu lui aurais fait des observations. Mais, pour le moment, il n'y a rien à modifier ; il faut absolument manger : sans quoi nous mourrions.

D'autres part, notre corps se fatigue ;

il fait des pertes continuelles qu'on doit réparer ; sinon plus de force, la faiblesse, la mort.

Que devient la flamme de la lampe lorsqu'il n'y a plus d'huile ?

JEANNE. — Elle s'éteint, maman.

LA MÈRE — De même pour notre corps. Aussi, lorsqu'on a pris son repas, on se sent fort et disposé à continuer sa besogne avec courage.

C'est pour satisfaire à ce besoin de nourriture que le Créateur a couvert la terre d'arbres fruitiers et de plantes propres à l'entretien de la vie de l'homme.

La terre nous donne le blé et les légumes et cela sans jamais s'épuiser. Ses arbres nous offrent des fruits variés, savoureux et bienfaisants.

Les animaux fournissent également beaucoup à notre nourriture, et il y en a partout.

Jeanne. — Oh! oui, maman: quand nous allons chez le boucher ou le charcutier, il y a là toutes sortes de viandes; et puis, aux halles, y en a-t-il du gibier, de la volaille, du poisson en quantité!

La mère. — Tu le vois, mon enfant, le bon Dieu a été bien généreux à l'égard de l'homme, car chaque jour il lui offre une table bien garnie. Combien est ingrat, envers la bonté divine, celui qui ne sait pas le reconnaître!

En finissant cet entretien, rappelle-toi, mon enfant, que les aliments ont été faits pour notre corps et notre corps pour les aliments, et qu'il y a entre eux une harmonie parfaite. C'est cette harmonie qui procure la jouissance que nous trouvons dans la nourriture et qui constitue notre santé, répare ou augmente chaque jour nos forces. »

Et vous, chers, enfants, n'oubliez pas, chaque fois que vous prenez votre repas, de dire le *Benedicite*, afin de témoigner à Dieu la reconnaissance que vous lui devez.

VERBE AIMER.

Indicatif (aujourd'hui).

J'aime papa et maman,
Tu aimes papa et maman,
Jules aime papa et maman,
Julie aime papa et maman,
Nous aimons papa et maman,
Vous aimez papa et maman,

Tous les petits enfants aiment bien leur papa et leur maman.

Futur (toujours).

J'aimerai papa et maman.
Tu aimeras papa et maman.
Il aimera papa et maman.
Elle aimera papa et maman,
Nous aimerons papa et maman,
Vous aimerez papa et maman.

Les enfants aimeront toujours leur papa et leur maman.

58me Leçon.

Du Temps.

Albert avait reçu de son grand-papa une belle montre à remontoir.

Arrivé à l'école, il n'eut rien de plus pressé que de la montrer à ses condisciples, d'en vanter la valeur et d'en faire entendre le tic-tac.

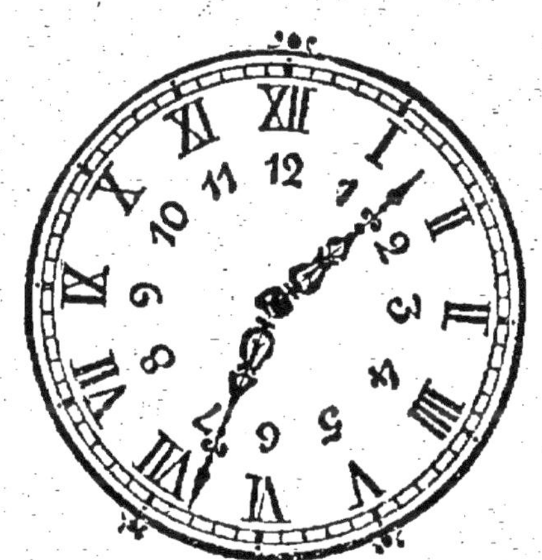

Sa grande sœur, nommée Geneviève, voulant donner une leçon à son frère, lui demanda l'heure que marquait sa belle montre.

Albert baissa les yeux et ne put répondre à sa sœur; il ne connaissait pas les heures.

GENEVIÈVE. — Eh bien! quelle heure est-il?

Albert. — Je ne sais pas.

Geneviève. — Viens près de moi, Albert, je t'expliquerai tout cela.

Albert s'approcha de sa sœur, qu'il aimait beaucoup, et écouta attentivement la leçon qu'elle lui donna à ce sujet.

— La montre, dit Geneviève, marque les heures au moyen de deux aiguilles, que de petites roues mettent en mouvement, sous l'impulsion d'un ressort.

Les heures sont indiquées sur le cadran en chiffres romains.

I	II	III	IV	V	VI	VII	VIII	IX	X	XI	XII
1	2	3	4	5	6	7	8	9	10	11	12

La grande aiguille fait un tour du cadran en une heure, c'est-à-dire en 60 minutes.

---

1. Écoutez, petits enfants, et avec Albert profitez de la leçon de l'aimable Geneviève, qui veut bien se faire institutrice pour le quart d'heure.

La petite aiguille met une journée de 12 heures à parcourir la même distance.

Quand la petite aiguille marque 8 heures et que la grande est sur 12, c'est 8 heures, c'est-à-dire l'heure d'aller à l'école.

Quand les deux aiguilles sont sur 12 heures, c'est midi, c'est l'heure du dîner.

Le soir, lorsque la petite aiguille marque 4 heures et la grande 6 heures, c'est 4 heures et demie ; les enfants sortent de l'école et retournent chez eux.

Les aiguilles marchent toujours si on a soin de remonter la montre. Quand elles arrivent à 6 heures, à 7 heures, et à 8 heures du soir : c'est la nuit, Les petits enfants dorment déjà et la montre ne s'arrête pas.

Le lendemain, elle va encore ; et cela toute la semaine, c'est-à-dire : *dimanche, lundi, mardi, mercredi, jeudi, vendredi* et *samedi*, puis tous les mois, savoir : *janvier*, *février*, *mars*, *avril*, *mai*, *juin*, *juillet*, *août*, *septembre*, *octobre*, *novembre* et *décembre*. Il en est de même pour toute l'année, c'est-à-dire pendant 365 jours.

Ta montre ira ainsi longtemps, Albert, si tu la remontes et si tu en as soin. Si un jour elle s'arrête, si elle ne va plus, quoique tu l'aies remontée : tu la porteras à l'horloger qui l'arrangera et la fera marcher comme précédemment.

Vois-tu, cher Albert, à quoi sert une montre ?

ALBERT. — Oui, ma sœur, je le vois. Maintenant, ce bijou est plus qu'un jouet : c'est une chose utile ; aussi j'en aurai bien soin.

Albert écouta si bien la leçon de sa sœur, que, quelques jours après, il connaissait à sa montre les heures et les minutes.

A vous tous, chers enfants, la montre dit :

« Profitez du temps que le bon Dieu vous donne pour vous instruire, et n'oubliez pas que le temps perdu ne revient plus. »

Le temps, c'est de l'argent, disent les Anglais, employez-le bien, enfants, et vous en aurez assez.

Table d'addition (suite).

8	et	0	font	8	9	et	0	font	9
8	.	1	.	9	9	.	1	.	10
8	.	2	.	10	9	.	2	.	11
8	.	3	.	11	9	.	3	.	12
8	.	4	.	12	9	.	4	.	13
8	.	5	.	13	9	.	5	.	14
8	.	6	.	14	9	.	6	.	15
8	.	7	.	15	9	.	7	.	16
8	.	8	.	16	9	.	8	.	17
8	.	9	.	17	9	.	9	.	18

59me Leçon.

L'éclairage.

Voici l'hiver qui arrive, avec ses jours bien courts et ses veillées bien longues. De bonne heure, il faudra se procurer de la lumière.

Dans la ville, on éclaire les rues, les magasins et les maisons avec le gaz ou l'électricité. Dans les campagnes et dans les familles, on se sert d'une lampe.

Il y a des lampes à l'huile, au pétrole.

Victorine a vu sa maman préparer la lampe. Elle a renouvelé la mèche, nettoyé le verre, frotté le cuivre, et versé du pétrole dans le corps de la lampe, appelé récipient. Elle a ensuite allumé la lampe, et une flamme bien blanche a éclairé la chambre.

Victorine et son frère Lucien étalent sur la table leurs livres et leurs cahiers, et se disposent à faire leurs devoirs.

Cependant, ce n'est que cinq heures !..

— Comment se fait-il, dit Lucien à sa maman, qu'en été, à cinq heures, on y voit bien et qu'en hiver on n'y voit goutte ?

LA MÈRE. — Tu sais bien que la terre tourne autour du soleil et sur elle-même en même temps, et que c'est ce qui nous donne les jours et les nuits ?

LUCIEN. — On a bien dit cela souvent à l'école ; mais on ne l'a pas fait voir.

LA MÈRE. — Ce serait un peu difficile et surtout de le faire comprendre à de jeunes enfants comme toi.

Eh bien ! la différence dont tu me

parles provient des différentes positions de la terre vis-à-vis du soleil.

Lucien. — Moi, je voudrais que ce fût toujours l'été; les jours sont plus agréables et plus longs, et on n'a pas besoin de lampe.

La Mère. — L'été a ses agréments ; mais l'hiver est nécessaire pour faire reposer la terre et la débarrasser d'une foule d'insectes nuisibles que le froid détruit.

Victorine. — Qu'est-ce que le gaz dont on se sert pour éclairer l'école

La Mère. — C'est une espèce de fluide que l'on tire du charbon et qui, après avoir passé par bien des conduits, arrive jusque dans les maisons.

L'endroit où l'on fait le gaz se nomme usine à gaz.

Victorine. — Chez la marchande où nous avons été chercher du pétrole, j'ai vu, sur une bonbonne : Huile à brûler. On brûle donc de l'huile, maman ?

La Mère. — Oui, mon enfant, il y a des lampes à huile ; celle qui est sur le buffet est une lampe à huile.

Il n'y a guère que soixante ans que l'on se sert du pétrole ; auparavant on ne se servait que de l'huile, et on s'en trouvait bien.

Victorine. — D'où vient cette huile ?

La Mère. — On la tire du colza, de la cameline, des noix, etc.

Lucien. — Et le pétrole, d'où vient-il, maman ?

La Mère. — Le pétrole est extrait de la terre. Il y a des pays où le pétrole est en abondance. Pour l'obtenir, on fait des puits et on en remplit des tonneaux.

Après l'avoir débarrassé des matières étrangères en le purifiant, on le livre au commerce.

La flamme que donne le pétrole est bien plus vive que celle de l'huile; c'est pour cela qu'on lui a donné la préférence. Comme dépense, il y a peu de différence; car, si le pétrole coûte moins, il brûle plus vite.

Victorine et Lucien. — Merci, chère maman, de ces renseignements. Nous connaissons maintenant les divers systèmes d'éclairage.

La Mère. — Le pétrole a peut-être des avantages; mais que de dangers il présente et que de malheurs il a occasionnés!...

Les enfants ne doivent jamais toucher à la lampe au pétrole.

La Propreté.

Ce qui peut conserver notre santé,
Ce qui pare bien mieux qu'une riche parure,
Ce qu'aisément chacun tous les jours se procure,
C'est à tout âge, enfants, l'extrême propreté.

Morel de Vindé.

60me Leçon.

Le dévouement.

Vos papas et vos mamans vous aiment assurément beaucoup, chers enfants, mais ne croyez pas, cependant, qu'ils soient les seuls à vous aimer et à s'intéresser à vous.

Vos Maîtres et vos Maîtresses d'école vous aiment aussi et vous le prouvent tous les jours, par les soins multiples et vigilants dont ils vous entourent.

Vos papas et vos mamans vous fournissent le pain qui nourrit le corps; mais vos Maîtres vous distribuent le pain qui donne la vie à l'âme, c'est-à-dire qu'ils vous instruisent et vous apprennent à être sages, bons, pieux, charitables, généreux, courageux et braves.

Vos parents n'ont pas toujours le temps et les moyens de vous instruire; alors, ils vous envoient à l'école. C'est qu'ils veulent vous sortir de l'ignorance dans laquelle nous naissons, à cause du péché originel.

Vos maîtres les remplacent donc et vous leur devez, comme à vos parents, l'amour, l'obéissance et le respect.

Ils méritent bien ces témoignages d'affection, mes amis ; car ils se dévouent constamment pour vous et vous témoignent ainsi une vraie et sincère amitié.

Voici un trait qui s'est passé il y a près de quarante ans et qui vous montrera à quel point vos Maîtres vous aiment et savent se dévouer pour vous.

Une religieuse était chargée de l'instruction de trois jeunes enfants d'une famille riche qui habitait une maison de campagne dans les environs de Tours.

Pendant une promenade dans le bois qui environnait le château, les enfants virent venir à eux un gros chien étranger. Ils se rapprochèrent aussitôt de la sœur, qui les prit par la main.

Cependant la bête cruelle avançait toujours.

A son allure, la sœur reconnut que le chien était enragé.

Elle appela au secours, recommandant aux enfants de se tenir derrière elle.

La bête se dirige, la gueule écumeuse, vers les enfants et s'élance pour les mordre.

La sœur n'hésite pas. Elle arrête le chien en le prenant par le poil ; mais, furieux, il se démène et cherche à la mordre aussi.

La religieuse multiplie ses efforts et ses attentions pour les enfants, et pousse, en même temps, des cris aigus et plus pressants.

Hélas! la lutte est au-dessus de ses forces; elle se sent épuisée, terrassée par son redoutable ennemi. Elle est près de lâcher prise.

Cependant, ses cris avaient été entendus du château, on était sorti à la hâte. Un dernier appel de la bonne sœur déterminait le lieu d'ou venaient ses appels désespérés.

Les gens du château arrivent en courant.

Il était temps. Ils assomment aussitôt le chien. Mais quel triste spectacle se présente à leurs yeux!

La pauvre religieuse s'est évanouie; ses vêtements sont en lambeaux; son sang coule des nombreuses morsures qu'elle a reçues en se défendant et en défendant ses chers enfants.

On la transporte au château. Un

habile médecin lui prodigue les pansements les plus énergiques. Soins superflus ; la courageuse religieuse mourait, quelques jours après, des suites de ses blessures....

Voyez, enfants, jusqu'à quel point cette institutrice a porté le dévouement pour ses jeunes élèves!

Aimez donc vos Maîtres, car ils vous aiment aussi. Et si, comme cette bonne sœur, ils devaient exposer leur vie pour sauver la vôtre, ils le feraient sans hésiter.

Maximes.

1. Heureux celui qui écoute la parole de Dieu et la met en pratique.

2. Celui qui craint le Seigneur, garde ses commandements.

3. Le Seigneur est avant tous les siècles, et il sera dans tous les siècles.

61me Leçon.

Les trois Règnes.

— Papa, dit un jour Antoine en revenant de l'école, on a placé dans notre classe une armoire où il y a toute espèce de chose : un cheval, un bœuf, un âne, du bois, des plantes, des pierres, du charbon, du sable, etc.

Le Papa. — Sais-tu, Antoine, pourquoi on a placé ainsi tout cela à la vue des élèves ?

Antoine. — Mais non, papa, et je voulais justement vous le demander.

Le Papa. — En attendant que ton Maître t'en parle, il me semble, d'après ce que tu m'en dis, que c'est un petit musée.

Antoine. — C'est justement le mot dont se sont servis les grands élèves.

Le Papa. — Il y a sans doute dans l'armoire divers étages où se trouvent rangés les animaux, les végétaux et les minéraux.

ANTOINE. — C'est bien cela : on dirait que vous avez vu l'armoire. Mais ce n'est pas ce nom qu'on a donné aux objets.

LE PAPA. — C'est sans doute : **Règne animal, Règne végétal, Règne minéral.**

ANTOINE. — Juste ! ! Vous y êtes, papa.

LE PAPA. — Connais-tu l'intention de ton maître et ce qu'il veut faire de tout cela ?

ANTOINE. — Mais pas trop, papa. J'ai cependant bien écouté ; mais je n'ai pu tout retenir.

LE PAPA. — Le voici. On a voulu apprendre aux élèves de ta classe que tout ce qui est sur la terre appartient au règne animal, au règne végétal ou au règne minéral.

Ainsi, les animaux, grands et petits, domestiques ou sauvages, les insectes, papillons, etc., forment le régne **animal.**

Tout ce qui vit sur la terre par des racines, forme le règne **végétal** : tels es arbres, les arbrisseaux, les arbustes, les plantes, les fruits, etc.

Tout ce qui est sur la terre, mais qui n'a pas de vie, comme les pierres, le charbon, le fer, l'argent, l'or, forme le règne **minéral.**

ANTOINE. — Le pain que je mange, à quel règne appartient-il ?

LE PAPA. — Le pain est fait avec du blé ; le blé est une plante ; donc le pain vient du règne végétal.

ANTOINE. — Et les bas que maman tricote ?

LE PAPA. — Les bas sont faits avec de la laine ; la laine vient du mouton ; donc les bas viennent du règne animal.

Antoine. — Et l'aiguille dont elle se sert pour tricoter ?

Le Papa. — L'aiguille est en acier : l'acier est un métal ; tout métal provient d'un minerai : donc, l'aiguille de ta maman est du règne minéral.

Antoine. — Et le verre dans lequel je bois ?

Le Papa. — Le verre est fait avec du sable ; le sable est de la pierre; la pierre est un minéral ; le verre appartient aussi au règne minéral.

Le Papa. — Maintenant, à mon tour de te questionner, Antoine. A quel règne appartient le chat?

Antoine. — Au règne animal.

Le Papa. — Très bien ! Et le chien, le loup, les poules ?

Antoine. — Au règne animal.

Le Papa. — Et ton pantalon?...

Antoine. — Je ne sais pas, papa.

Le Papa. — Ton pantalon est en

coton. Le coton vient d'un arbuste appelé cotonnier, ton pantalon appartient au règne ?...

ANTOINE — ... Au règne végétal.

LE PAPA. — Bien ! A quel règne appartiennent les légumes du jardin ?

ANTOINE. — Au règne végétal.

LE PAPA. — Très bien ! Retiens, mon enfant, que tout ce que nous pouvons voir ou toucher appartient à l'un des trois règnes de la nature.

ANTOINE. — Et l'homme, papa, de quel règne est-il ?

LE PAPA. — L'homme, par son corps, fait partie du règne animal ; mais, créé à l'image de Dieu et doué d'une âme raisonnable, il ne peut pas être mis au rang des autres animaux. C'est pour lui que tous ont été créés ; il est au-dessus d'eux.

Les trois règnes de la nature ne dureront qu'un temps ; mais l'homme, par son âme, qui est immortelle, vivra encore au delà de la tombe, c'est-à-dire dans l'éternité.

Ça ferait pleurer le bon Dieu.

I

Enfants, quand le printemps va luire,
Comme vous pur et gracieux,
Quand de mai le premier sourire
Semble se mirer dans vos yeux,
Au jardin, plein de fleurs écloses,
Dans l'ardent tourbillon du jeu,
Enfants ne brisez pas les roses :
Ça ferait pleurer le bon Dieu.

II

Sur les nids si chauds et si frêles
S'éveillent des oiseaux charmants,
Et leurs pauvres petites ailes
Ont déjà des frémissements.
Quand vous folâtrez sous la branche,
Le front brûlant, le cœur en feu,
N'arrachez pas le nid qui penche :
Ça ferait pleurer le bon Dieu !

III

Sa Providence, bonne et douce,
Comme sur eux veille sur vous ;
S'il leur fit des berceaux de mousse,
Il vous a fait des nids plus doux.
Lorsqu'à ses heures éphémères,
Tout vous sourit sous le ciel bleu,
Ne faites pas pleurer vos mères :
Ça ferait pleurer le bon Dieu !

P. B.

62me Leçon.

Le Musicien ambulant.

Il vous est arrivé quelquefois, chers enfants, en allant à l'école ou au retour, de rencontrer un musicien ambulant.

Ici, c'est un orgue de Barbarie aux sons harmonieux; là, une vielle aux airs variés. Un peu plus loin, c'est un aveugle qui joue du luth, de la mandoline, que sais-je? il y a tant d'instruments de musique.

Celui dont je veux vous parler jouait du violon. C'était un vieux ménestrel qui suivait les fêtes des villages, allait aux foires et gagnait sa vie à faire danser.

Or, il arriva, une fois, qu'il dut rentrer fort tard chez lui. Pour comble de malheur, il avait à traverser une forêt :

ce qui n'était point sans danger, tant à cause des voleurs qu'à cause des animaux féroces qui s'y trouvaient.

A la sortie du bourg, notre musicien acheta quelques provisions, et, monté sur un petit âne, il s'achemina, non sans inquiétude, vers son village.

Une lune brillante éclairait la route. La voix lugubre de quelques chats-huants rompait seule le silence de la nuit.

Les choses allèrent bien tant qu'on fut dans les champs. Mais il fallut entrer dans la forêt ; et là, que de dangers !

Au loin, on entendait les cris des oiseaux de proie, les hurlements des loups, le glapissement des renards, etc.

Cependant, notre ménestrel avançait, bien qu'avec appréhension, quand tout à coup, à quelques pas de lui, il aperçoit un loup, au regard fixe et enflammé. Ses yeux ardents indiquaient avec évidence qu'il voulait une proie, soit l'âne, soit le cavalier.

L'âne n'allait pas vite ; la charge était lourde pour lui. Le cavalier était de grande taille : ses pieds touchaient presque terre.

Saisi de frayeur, il lui semble déjà sentir sur ses mollets les dents aiguës de la bête cruelle. Il essaie de les mettre en sûreté, en les relevant. Mais alors, n'est-ce pas son âne qui va recevoir l'assaut de l'ennemi ?

Le loup marchait derrière l'artiste, sans l'attaquer néanmoins.

Celui-ci, pour apaiser la bête fauve, jetait de temps en temps un morceau de pain que le loup dévorait avidement.

Le pain finit par manquer. Alors, le pauvre homme chercha dans son sac quelque provision capable d'amuser encore son dangereux compagnon : il ne trouva rien. Mais, dans un mouvement un peu précipité, il fit entendre le bruit de son crincrin.

Ce fut son salut. Le loup, qui n'était pas habitué au son du violon, crut, ni plus ni moins, que tous les chiens de la contrée allaient être déchaînés contre lui. Il recula de quelques pas.

— « Ah ! C'est ça qu'il te faut, mon vieux ! s'écria le violoneux, attends ! » Prenant aussitôt son instrument, il en joua si fort et si mal qu'il vit le loup s'enfuir à toutes jambes.

« Que n'ai-je su plus tôt ton faible, coquin ! je t'en aurais servi une polka !

« Et mon pain blanc, donc ! Tout y a passé ; reviens-y, tu seras content de moi ! »

Le brave homme, heureux de son succès, arriva chez lui et raconta son aventure ; mais sans parler de la peur bleue qu'il avait eue au début.

Cette histoire, mes enfants, peut avoir un côté pratique pour vous.

Le démon, notre ennemi, rôde constamment autour de nous pour nous dévorer : faisons comme le ménestrel, jouons-lui un petit air, c'est-à-dire disons une petite prière, une invocation au bon Dieu ou à la très sainte Vierge : et aussitôt le démon, comme le loup de cette histoire, prendra la fuite.

Minette et Minet.

Minette, la jeune chatte,
Un jambonneau sous la patte,
Se régalait près du feu.

« Veux-tu m'en donner, Minette,
Dit Minet d'un air honnête,
Veux-tu m'en donner un peu ?

— Oui, répondit la gourmande,
Laisse-moi finir la viande,
Et je te donnerai l'os.

— L'os, dit Minet belle affaire !
C'est que tu n'en as que faire,
Que tu m'offres tes cadeaux !

Non, point de mérite, écoute,
A donner sans qu'il en coûte. »
Et Minet tourna le dos.

J.-M. Villefranche.

63me Leçon.

La Neige.

Nous sommes en hiver, le vent souffle avec violence, il fait froid, la neige tombe à gros flocons. La terre

en est déjà couverte, les toits des maisons le sont aussi.

Malheur au voyageur que la tourmente surprend; il peut s'égarer et tomber dans les précipices cachés par la neige.

Les oiseaux s'abritent dans les trous et les bêtes sauvages dans les cavernes.

La nature est dans le silence.

Le travailleur des champs ne peut

sortir, il s'occupe à l'intérieur de la maison.

Les bêtes de somme restent à l'écurie et se reposent.

Le berger soigne ses moutons à l'étable ; il leur donne à manger et à boire, et cela tant que la terre sera couverte par la neige et qu'il ne pourra mener le troupeau aux pâturages.

Les travaux ont cessé ; bien des malheureux souffrent du froid, quelquefois de la faim. Assistons-les, si nous le pouvons.

Quel cri déchirant pour le cœur d'un père, pour celui d'une mère, lorsque leurs enfants s'écrient : Papa, j'ai faim !... Maman, j'ai froid !... et qu'ils sont dans l'impossibilité de les soulager.

Si les enfants ne peuvent aller à l'école, ils s'occupent à la maison à faire des devoirs ; ils lisent et se rendent utiles dans les travaux du ménage.

Cependant à l'école on est content de voir la neige ; on fait un bonhomme, et on s'amuse ensuite à le démolir en lui lançant des boules de neige.

D'autres élèves patinent et ont aussi beaucoup de plaisir.

La neige, malgré ses désagréments, a bien son utilité : elle préserve les récoltes des fortes gelées et, losrqu'elle fond, elle arrose la terre et alimente les sources.

Vous voyez, chers enfants, que le bon Dieu fait bien toutes choses. Pour conserver les récoltes que le père de famille a confiées à la terre, il envoie un manteau bien blanc et bien épais. Oh ! que nous devons être reconnaissants !

Maxime.

Se coucher de bonne heure et se lever matin procurent santé, fortune et sagesse.

64me Leçon.

Les Religieux du mont Saint-Bernard.

Vous venez de voir, chers enfants, que la neige couvre parfois les chemins et que les voyageurs courent de grands dangers.

C'est surtout sur les montagnes que les accidents sont fréquents, parce que les maisons sont très écartées et qu'il n'y a personne pour secourir les voyageurs en péril.

Que de malheureux ont trouvé la mort en traversant les Alpes, ces hautes montagnes qui séparent la France de l'Italie! Combien d'accidents funestes à de trop nombreux voyageurs!

Il y a neuf cents ans environ, des religieux, sous la direction de saint Bernard de Menthon, vinrent s'établir au sommet de ces montagnes afin d'être prêts à assister les voyageurs. En 982, ils bâtirent un couvent pour les recevoir et dressèrent des chiens, d'une espèce particulière, à secourir ceux qui seraient égarés ou en détresse.

Quand le temps est mauvais, les religieux sonnent la cloche du couvent pour avertir les voyageurs et leur en indiquer ladirection.

En même temps, ils sortent avec les chiens et, s'ils entendent des cris, ils se dirigent aussitôt, pour porter secours, dans la direction que ces cris indiquent.

Les chiens, qui sont dressés à ce service, partent en avant, courent de tous côtés et guident vers les religieux ou au couvent le voyageur en danger de périr.

Si quelqu'un est tombé dans un précipice couvert par la neige, le chien descend, gratte la neige avec ses grosses pattes, fait respirer le voyageur et lui présente la gourde d'eau-de-vie suspendue à son col.

Le malheureux prend un peu de cette liqueur vivifiante, revient à la vie et, s'il ne peut sortir du précipice, les chiens s'empressent d'appeler les religieux qui, avec des cordes et des échelles, délivrent l'infortuné, le conduisent au couvent et le soignent comme un frère, sans aucune rétribution.

Que de malheureux ces bons religieux ont ainsi sauvés ! combien d'entre eux leur doivent la vie !

C'est la Religion, mes enfants, qui sait inspirer de tels dévouements pour ses semblables : c'est Notre Seigneur lui-même qui nous en donne l'exemple dans l'Évangile, lorsqu'il nous dit : « *Aimez-vous les uns, les autres, car vous êtes tous les enfants d'un même Dieu qui est Notre Père.* »

Loulou.

« Papa, votre Loulou n'a pas fait sa prière ;
Vous ne le grondez pas, pourtant ! Mais, dit le père,
Loulou n'est qu'un pauvre animal
Qui ne peut distinguer le bien d'avec le mal.
Vers la terre, toujours, vois sa tête baissée ;
Loulou n'élève pas jusqu'à Dieu sa pensée.
Il mange, il joue, il dort, et, pour un chien c'est tout.
Mais l'homme, lui, marche debout ;
Il regarde le ciel ; il connaît le grand Être
Qui de tout l'univers est l'auteur et le maître.
Aussi, mon fils, honte à l'homme, au chrétien,
Qui n'a pas plus de piété qu'un chien. »

J.-M. Villefranche.

65me Leçon.

Le petit Jacques.

Il y avait une fois un petit garçon du nom de Jacques.

Il avait perdu sa mère de bonne heure, et son père, qui seul lui restait, était bien malade.

Le petit Jacques connaissait le bon Dieu ; car son père lui avait appris que tout ce qui nous arrive vient d'en haut. Il n'oublia jamais cette bonne parole.

« Je vais mourir, lui dit un jour son père, mais le bon Dieu te reste et il prendra soin de toi. Chaque fois qu'il t'arrivera quelque chose de bon, tu diras : **Ça vient d'en haut ;** chaque fois qu'il te surviendra quelque chose de fâcheux, tu diras également : **Ça vient d'en haut.**

« Je ne te laisse aucune fortune, mon enfant ; mais avec un peu de courage, tu pourras gagner ton pain.

« Prends une hotte, des cordes, une raclette, et parcours les rues de Londres en criant : *Voilà le petit Jacques, qui ramone les cheminées du haut en bas !* »

Jacques promit de faire ce que son père lui disait. Dès le lendemain, il partit, non sans pleurer beaucoup.

Le premier jour fut bien pénible. Jacques ne connaissait pas le métier ; mais il y mit toute son intelligence et sa bonne volonté, et quand on lui donna une belle pièce blanche, il oublia ses chagrins et ses peines pour penser à la joie qu'il procurerait à son père.

Considérant la pièce de monnaie, il se rappela la recommandation de son père, et dit de bon cœur : **Ça vient d'en haut !**

Cependant son père vint à mourir....

Le chagrin de Jacques fut bien grand et ses larmes bien abondantes ; mais il ne se découragea pas.

De bon matin, on l'entendait crier : *Voilà le petit Jacques qui ramone les cheminées de haut en bas!... C'est le petit Jacques!*

On aimait beaucoup le petit ramoneur, et, quand il n'y avait pas d'ouvrage, volontiers, on lui donnait un morceau de pain ou un petit sou. Et lui de répondre : *Ça vient d'en haut!*

Jacques ramonait ainsi les cheminées depuis plusieurs mois, lorsqu'un accident lui arriva.

Un jour d'hiver qu'il faisait très froid et qu'un grand vent soufflait dans les rues de Londres, le petit Jacques avait risqué, quand même, de prendre sa hotte et ses instruments de ramoneur.

Il marchait déjà depuis longtemps et répétait aussi fort qu'il pouvait sa chanson : *Voilà le petit Jacques qui ramone les cheminées du haut en bas!*

Mais personne n'avait de cheminée à faire ramoner.

Découragé, il allait rentrer bien triste; car il avait faim, le pauvre petit!

Cependant, le vent soufflait toujours et si fort que les cheminées qui n'étaient pas solides dégringolaient sur la rue. *Ça vient d'en haut!* disait le petit Jacques.

Il avait à peine fini son refrain qu'une nouvelle cheminée s'éboule et que les débris viennent tomber aux pieds du petit Jacques.

Malheureusement une brique l'avait atteint à la tête et le pauvre enfant se sentant blessé n'eut que le temps de répéter son refrain : *Ça vient d'en haut ;* il tomba évanoui.

Il était là, étendu, sans mouvement, lorsqu'un homme charitable vint à passer. Il le releva et le transporta dans une pharmacie voisine. Là, on lui prodigua les soins que réclamait son état, si bien qu'il reprit bientôt connaissance.

L'homme généreux qui l'avait secouru, lui demanda comment l'accident était arrivé. — « Ça est venu d'en haut, répondit simplement l'enfant.

— Où est ton père?

— Il est mort.

— Et ta mère?

— Je ne l'ai jamais connue.

— Qui prend soin de toi?

— Le bon Dieu.

— Veux-tu venir avec moi?

— Si vous me voulez du bien, oui.

— Je n'ai pas d'enfant; mais comme tu me parais fort raisonnable, tu seras traité comme mon fils.

— Pour ça, je le veux bien ; mais je m'appellerai toujours le petit Jacques, en souvenir de mon père.

— Soit, tu t'appelleras Jacques.

— Alors, puisque vous voulez bien faire le bonheur du petit Jacques, et qu'il n'y a que le bon Dieu qui puisse vous inspirer ça, du fond du cœur et de toutes mes forces, je dis : *Ça vient d'en haut !*

Jacques fut adopté par l'homme charitable. Il devint plus tard, grâce à la fortune considérable que lui laissa son protecteur, un riche négociant de Londres.

(Traduit de l'anglais.)

XX.

La Cigale et la Fourmi.

La cigale, ayant chanté
Tout l'été,
Se trouva fort dépourvue
Quand la bise fut venue :
Pas un seul petit morceau
De mouche ou de vermisseau.
Elle alla crier famine
Chez la fourmi sa voisine,
La priant de lui prêter
Quelques grains, pour subsister
Jusqu'à la saison nouvelle,
— Je vous paierai, lui dit-elle,
En août, foi d'animal,
Intérêt et principal.
La fourmi n'est pas prêteuse,
C'est là son moindre défaut :
— Que faisiez-vous au temps chaud ?
Dit-elle à cette emprunteuse.
— Nuit et jour à tout venant
Je chantais, ne vous déplaise.
— Vous chantiez, j'en suis fort aise ;
Eh bien, dansez maintenant.

La Fontaine

La Bonbonnière.

À la discrétion de ses petits enfants,
Sur la table, une bonne mère
Avait laissé sa bonbonnière.
Doit-on ainsi tenter les gens ?
L'un d'eux y puise sans scrupule ;
Le bambin croque à belles dents,
Mais que prend-il ? Une pilule....
Bientôt un petit mal au cœur....
Le larcin est clair.... Tout l'annonce.
Le lit, la diète, la semonce
Vont punir le petit voleur.
La friandise est souvent corrigée.
Gardons-nous de l'esprit malin :
Il nous présente une dragée,
Et nous donne le chicotin.

DUTREMBLAY.

Proverbe.

Menteur n'est jamais écouté
Même quand il dit la vérité.

ROCHE.

66me Leçon.

Les quatre cri-cri de la boulangère.

Un bon petit cœur.

Il était une fois un petit garçon du nom d'Alexis qui fut envoyé par sa mère chercher du pain chez le boulanger de la maison.

Alexis avait de six à sept ans, sa figure amaigrie et ses traits, que la douleur semblait avoir altérés bien avant le temps, faisaient contraste avec la parole facile et l'air dégagé du petit garçon.

— Madame, dit-il, en entrant dans la boutique, maman m'envoie chercher du pain.

La dame qui le connaissait, descendit de son comptoir, tira de la case aux miches de quatre livres, le plus beau pain qu'elle y put trouver et le mit dans les bras de l'enfant.

— As-tu de l'argent? dit la boulangère à l'enfant.

Les yeux du petit garçon s'attristèrent.

— Non, Madame, répondit-il, en serrant plus fort sa miche contre sa blouse; mais maman m'a dit qu'elle viendrait vous parler demain.....

— C'est bien, mon enfant, dit la bonne boulangère, emporte ton pain.

— Merci, Madame, dit le pauvre petit.

Une dame qui se trouvait là et qui venait de recevoir sa monnaie s'apprêtait à sortir quand elle retrouva immobile, derrière elle, l'enfant au gros pain qu'elle croyait déjà loin. La boulangère qui aussi le croyait parti, s'approcha de lui : Que fais-tu là. mon petit ami?

Est-ce que tu n'es pas content de ton pain ?

— Oh ! si, Madame dit le petit, il est très beau.

— Eh bien ! alors, va le porter à ta maman ; si tu attends, elle croira que tu t'es amusé en route et elle te grondera.

L'enfant ne parut pas avoir entendu. Quelque chose semblait attirer ailleurs toute son attention.

La boulangère voyant sa distraction lui frappa sur l'épaule et lui donna amicalement une tape sur la joue.

L'enfant restait toujours absorbé ; il lui semblait entendre quelque chose.

— A quoi penses-tu ? lui dit la boulangère, tu es là immobile comme une bûche !..

— Madame, répondit-il, qui est-ce qui chante donc ici ?

— On ne chante pas, répondit la boulangère.

— Si, dit le petit. Entendez-vous? *cuic, cuic, cuic, cuic*....

La boulangère et la dame prêtèrent l'oreille et n'entendirent rien si ce n'est le refrain de quelques grillons, hôtes ordinaires des boulangeries.

— C'est-il un petit oiseau, dit le petit bonhomme, ou bien le pain qui chante en cuisant, comme les pommes?

— Mais non, petit, lui dit la boulangère, ce sont les grillons. Ils chantent dans le fournil, parce qu'on vient d'allumer le feu, et que la vue de la flamme les réjouit.

Des grillons? dit le petit garçon, c'est-il ça qu'on appelle aussi des cri-cri?

— Oui, lui répondit complaisamment la boulangère.

Le visage du petit garçon s'anima.

— Madame, dit-il en rougissant de la hardiesse de sa demande, je serais bien content si vous vouliez me donner un cri-cri.

— Un cri-cri! dit la boulangère en riant; qu'est-ce que tu veux faire d'un cri-cri mon cher petit? Va, si je pouvais te donner tous ceux qui courent dans la maison, ce serait bientôt fait.

— Oh! Madame, donnez m'en un, rien qu'un seul, si vous voulez, disait l'enfant, en joignant ses petites mains pâles par-dessus son pain.

On m'a dit que les cri-cri, ça portait bonheur aux maisons; peut-être que s'il y en avait un chez nous, maman, qui a tant de chagrin, ne pleurerait plus jamais.

La dame regarda la boulangère; elle s'essuyait les yeux avec le revers de son tablier.

La dame, qui était aussi émue, ne put se retenir davantage de se mêler à la conversation; elle dit à l'enfant:

— Pourquoi pleure-t-elle, ta pauvre maman?

— A cause des notes, Madame, dit le petit. Papa est mort et maman a beau travailler, nous ne pouvons pas toutes les payer.

La dame prit l'enfant dans ses bras et l'embrassa.

Cependant la boulangère qui n'osait pas toucher elle-même les grillons, était descendue dans le fournil.

Elle en fit attraper quatre par son mari, qui les mit dans une boîte, avec des trous sur le couvercle, pour qu'ils puissent respirer; puis, elle donna la boîte au petit garçon qui s'en alla tout joyeux.

Quand il fut parti, la boulangère et la dame se donnèrent une bonne poignée de mains.

Pauvre bon petit! dirent-elles ensemble.

La boulangère prit alors son livre de compte ; elle l'ouvrit à la page où était celui de la maman du petit garçon, fit une grosse barre sur cette page et écrivit au bas : *Payé.*

Pendant ce temps-là, la dame qui était au magasin, avait mis dans un papier tout l'argent de ses poches, où heureusement il s'en trouvait beaucoup ce jour-là, et avait prié la boulangère de l'envoyer bien vite à la maman de l'enfant, avec la note acquittée et un billet où on lui disait qu'elle avait un enfant qui ferait un jour sa joie et sa consolation.

On donna le tout au garçon boulanger qui avait de grandes jambes, en lui recommandant d'aller vite.

L'enfant, avec son gros pain, ses quatre grillons et ses petites jambes n'alla pas si vite que le garçon boulanger ; de façon que, quand il rentre, il trouva sa mère les yeux levés de dessus son ouvrage pour la première fois depuis bien longtemps, et un sourire de joie et de repos sur ses lèvres.

Il crut que c'était l'arrivée de ses quatre petites bêtes noires qui avait fait ce miracle, et mon avis est qu'il n'eut pas tort.

Est-ce que sans les cri-cri et son bon cœur, cet heureux changement serait survenu dans l'humble fortune de sa mère ?

La bonne Providence se sert de toute sorte de moyens pour assister les malheureux qui lui adressent une prière.

Quand vous entendrez le chant du cri-cri, enfants, vous penserez à la belle histoire que vous venez de lire et aussi à l'amour que vous devez à votre bonne Maman.

Imité de J. STHAL.

(Contes et Récits.)

Le Rat de ville et le Rat des champs.

Autrefois le rat de ville
Invita le rat des champs,
D'une façon fort civile,
A des reliefs d'ortolans.

Sur un tapis de Turquie
Le couvert se trouva mis.
Je laissa à penser la vie
Que firent ces deux amis.

Le régal fut fort honnête,
Rien ne manqua u festin;
Mais quelqu'un troubla la fête
Pendan- qu'ils étaient en train.

A la porte de la salle
Ils entendirent du bruit :
Le rat de ville détale;
Son camarade le suit.

Le bruit cesse, on se retire :
Rats en campagne aussitôt
Et le citadin de dire :
Achevons tout notre rôt.

C'est assez, dit le rustique ;
Demain vous viendrez chez moi.
Ce n'est pas que je me pique
De tous vos festins de roi ;

Mais rien ne vient m'interrompre ;
Je mange tout à loisir.
Adieu donc. Fi du plaisir
Que la crainte peut corrompre !

La Fontaine.

Le Laboureur et ses enfants.

Travaillez, prenez de la peine,
C'est le fonds qui manque le moins.

Un riche laboureur, sentant sa fin prochaine,
Fit venir ses enfants, leur parla sans témoins.
— Gardez-vous, leur dit-il, de vendre l'héritage
Que vous ont laissé vos parents :
Un trésor est caché dedans.
Je ne sais plus l'endroit, mais un peu de courage
Vous le fera trouver ; vous en viendrez à bout.
Remuez votre champ, dès qu'on aura falt l'oût[1] ;
Creusez, fouillez, bêchez, ne laissez nulle place
Où la main ne passe et repasse.
Le père mort, les fils vous retournent le champ
De çà, de là, partout ; si bien qu'au bout de l'an,
Il en rapporta davantage.
D'argent point de caché ; mais le père fut sage
De leur montrer avant sa mort,
Que le travail est un trésor.

LA FONTAINE.

67me Leçon.

Aide-toi, le Ciel t'aidera.

Avez-vous fait attention, enfants, à la figure qui se trouve sur les différentes épingles de votre papa ou de votre maman?

Assurément que non, il y en a tant et de tant de sortes.

C'est cependant le dessin de l'une de ces épingles qui va faire l'objet de cette histoire.

Et si vous me demandez quel était ce dessin, je vous le donne en dix, en cent, en mille, vous ne le devineriez pas.

C'était... c'était... un hanneton! Oui, un hanneton, un hanneton d'or posé sur une feuille, au bord de laquelle on avait écrit en poussière de diamants cette devise: *Aide-toi, le Ciel t'aidera.*

Maintenant, enfants, si vous voulez savoir l'histoire de ce hanneton d'or, nous allons laisser là parole au Monsieur qui le portait et qui nous en fit le récit un jour que nous voyagions ensemble en chemin de fer de P... à L....

« Je suis né, dit-il, en Irlande, mon père était fermier d'un riche Anglais, mais qui, par malheur, était impitoyable pour le payement des terres en location.

Aussi, en l'année si malheureuse pour notre pays, où la récolte des pommes de terre fut complètement détruite par la gelée, mes parents ne pouvant pas payer leur redevance, furent chassés, avec leurs dix enfants, de leur misérable demeure.

Ils s'acheminèrent tout éplorés vers Dublin, où ils ne trouvèrent pour unique abri que des caves abandonnées.

Ma mère, déjà malade, ne put survivre à ce malheur ; elle y rendit le dernier soupir.

A bout de force et de ressources, mon père alla trouver le vicaire de notre ancienne résidence, lequel put lui remettre la somme nécessaire pour aller en Amérique.

Mon père avait l'espoir de retrouver en ce pays son frère qui, en peu d'années, s'y était fait une bonne position.

Mais, comme si le malheur devait nous suivre partout, il y avait à peine trois jours que nous avions pris la mer, qu'un matin, sur le pont, où nous étions entassés près de trois cents passagers, mon père me dit d'une voix presque éteinte :

« Mon Patrick, viens ici près de moi, je sens que la vie m'abandonne. La perte de ta pauvre mère m'a porté un coup mortel.

« Avant de quittter ce monde où j'ai tant souffert, je veux te donner mes dernières instructions et mes derniers baisers!

« Tu as onze ans, mon fils, tu es

l'aîné de la petite famille dont tu vas devenir le chef et le conducteur sur la terre étrangère.

« Ne délaisse jamais tes frères et tes sœurs. Crains Dieu et sers-le fidèlement comme doit le faire un bon Irlandais. Il ne t'abandonnera pas.... Ne quitte pas la médaille que t'a remise M. le Vicaire, c'est l'image de la Vierge Marie, notre Mère du ciel.

« En arrivant dans la grande terre, cherche ton oncle ; j'ai là son adresse ; il prendra soin de toi et de tes frères ; si tu ne le trouvais pas, entre chez quelque cultivateur, mais à condition qu'il vous prenne tous. »

Ce furent les dernières paroles de mon père ; ensuite il nous embrassa les uns après les autres et nous bénit.

Tandis qu'un ami disait les dernières prières, il expira.

Le lendemain, j'appris que, selon

l'usage, son corps avait été, pendant la nuit, enseveli dans les flots.

Ici finit la première partie de mon histoire ; elle est triste, fort triste, la seconde sera plus gaie, plus consolante.

Après cinquante-deux jours de navigation nous entrions dans la magnifique rade de New-York, et deux heures plus tard, nous débarquions, sur le quai, au milieu d'une foule empressée.

Des agents d'émigration nous divisèrent par lots ; on nous servit un repas de pain et de fromage ; on remit aux hommes un *demi-dollar* (environ 2,60) et aux femmes un *shilling* (1,25) ; puis on nous présenta aux propriétaires qui firent leur choix.

Comme je tenais à rester avec mes frères, je ne trouvai pas à me louer.

J'avais l'adresse de mon oncle, et grâce à cet écrit et aux renseignements qu'on me donna, je me dirigeai vers la rue

St Gill' Street; je sonnai au N° 183 qui était celui de la demeure de mon oncle.

Déception. Par malheur, depuis trois mois il était parti pour aller dans les vastes prairies de l'Ouest.

Que faire? Nous allâmes à l'aventure durant plusieurs heures. A la fin, fatigués, nous allions nous endormir sous un arbre, lorsqu'un *policeman* (sergent de ville) nous menaça de nous mettre en prison, comme vagabonds.

Je lui remis le peu d'argent qui nous restait, et il nous laissa tranquilles.

Aux maisons où nous nous présentions pour travailler ou pour demander l'aumône, on nous faisait des menaces.

Tout en cheminant, nous arrivâmes près d'un joli parc, dont la grille ouverte permettait de voir à l'intérieur.

Il y avait là un gros bourgeois et une toute jeune fille, qui regardaient un bouquet de tilleuls.

Nous nous étions rapprochés de la porte et nous allions nous retirer, quand tout à coup le propriétaire se retourna.

— Eh! là-bas, que faites-vous, tas de vauriens? cria-t-il.

— Nous cherchons de l'ouvrage, lui répondis-je.

Je partis tout penaud sans écouter ce que sa fille lui disait à l'oreille, mais se ravisant, l'Américain me cria :

« Eh! par ici, petit drôle... tu vois ces tilleuls, ajouta-t-il, quand je fus rapproché de lui, tu vas monter au sommet et les secouer branche par branche ; si tu fais bien ton ouvrage, je te récompenserai. »

Monter sur les arbres était bien mon affaire.

En un instant, je fus au sommet et me mis à secouer fortement.

« Bravo, bravo ! s'écria la Miss, quelle bonne idée j'ai eue là ! »

En effet, à chaque mouvement imprimé aux branches, il grêlait des hannetons sur le gazon. La Miss fit apporter un panier profond pour y mettre les deux cents prisonniers que j'avais faits.

« Bien travaillé, enfant, dit le gentleman, tiens voilà six *pence* (0,60), et les hannetons par-dessus le marché ; tu reviendras demain, j'aurai encore pour plusieurs jours à t'employer. »

J'empochais ces petites pièces avec joie. Quant aux deux cents hannetons, je ne savais qu'en faire.

— Je vais les écraser, dis-je, de cette manière je n'aurai pas l'embarras de les emporter.

— L'embarras ? ricana le gentleman. Tu es donc bien riche, que tu refuses la fortune ? — Et comme je le regardais étonné : — Oui, la fortune, si tu n'es pas idiot. Prends ce panier que je te prête et emporte ta chasse. En ville tu ne manqueras pas d'enfants pour t'acheter tes prisonniers.

— Surtout si tu sais donner bonne tournure à ta marchandise, dit en souriant Miss Mary ; puis elle me fit asseoir sur l'herbe à côté d'elle et me donna des conseils que j'écoutai de toutes mes oreilles.

La cloche du château l'ayant appelée pour le déjeuner, elle se leva, prit le bras de son père et me dit en forme d'adieu : « *Aide-toi, mon petit Patrick, et le Ciel t'aidera.* »

De mon côté, je donnai le signal de départ. Quand nous fûmes à l'entrée du grand faubourg, j'achetai pour 5 pences de pain et pour 1 penny de fil d'Écosse bien fin.

Avec ce fil, coupé à deux mètres de longueur, j'attachai un à un tous mes prisonniers.

A quatre heures du soir, je m'établissais à la porte d'un square peuplé de bonnes d'enfants, et prenant un hanneton, je le faisais voler au-dessus de ma tête pendant que mes petits frères et mes petites sœurs se relayaient pour chanter :

Hanneton vole, vole, vole.
Hanneton vole, vole donc.

Ce fut le départ d'une révolution enfantine : je ne savais à qui entendre. A un penny pièce, ils furent tous vendus.

Quand le lendemain nous retournâmes au château, le gentleman me demanda le chiffre exact de ma vente. Trouvant un déficit dans mon compte :

— Tu es un dépensier, me di-il, en fronçant le sourcil, il manque un dollar (5 fr. 20), qu'en as-tu fait?

— J'ai fait dire une messe au vicaire pour ceux que nous avons perdus et aussi pour que Dieu nous bénisse....

— Bon placement, mon garçon, bon placement, tu es un véritable Irlandais. Mary, cet enfant-là est notre compatriote; nous sommes Irlandais, aussi, *Hurrah* pour la verte Erin.

Et il me tendit la main.

La chasse de la veille recommença par un autre groupe d'arbres, et après la chasse, la leçon.

La bonne petite Miss me montra à confectionner toutes sortes de jolies petites choses, si bien que dans les squares, aux portes des collèges, mes jouets merveilleux s'enlevaient avec un tel enthousiasme qu'à la fin des hannetons, je possédais vingt dollars d'or et, ce qui valait mieux, la bienveillante protection de M. Samuel Karry, l'un des plus grands manufacturiers de

New-York, dont je suis devenu l'un des associés. Grâce à lui, mes frères et mes sœurs ont prospéré et tous sont avantageusement établis.

Dieu nous a bénis, parce que nous ne l'avons pas oublié et que nous avons mis en pratique cette maxime écrite sur mon épingle d'or : « *Aide-toi, le Ciel t'aidera.* »

Ce que peut le petit enfant.

Pour le bon Dieu, que puis-je faire ?
Je suis si petit, si petit !
Voici ce que mon cœur me dit :
J'aimerai bien ma bonne mère :
Je puis l'aimer quoique petit

Pour Dieu que puis-je faire encore ;
Puisque c'est Dieu qui nous bénit,
Je prierai bien, près de mon lit,
Ce bon Dieu que ma mère adore
On peut prier quoique petit.

Et puis-je faire davantage ?
A l'école où l'on me conduit,
Attentif à tout ce qu'on dit,
Je m'efforcerai d'être sage :
On peut l'être quoique petit

Et quoi d'autre enfin ? — Si ma mère
Me réprimande ou m'avertit,
Je veillerai quoique petit
Pour corriger mon caractère :
C'est comme cela qu'on grandit.

TOURNIER.

68me Leçon.

La France.

Vous avez sans doute vu, chers enfants, votre frère aîné ou votre grande sœur étudier leurs leçons ou faire des cartes d'après un grand livre qu'on appelle atlas.

Vous lui avez peut-être demandé ce que signifiait ces lignes irrégulières et les diverses couleurs dont les cartes étaient empreintes.

Et votre sœur heureuse de vous être utile et vous instruire. vous a expliqué tout cela.

En attendant votre tour d'étudier la belle science appelée géographie, apprenez, chers enfants, qu'il existe un coin du monde, une contrée qui doit vous être plus chère que toutes les autres.

Cette contrée, ce pays, c'est la France, votre patrie, la mienne, et celle de ceux qui, comme nous, sont nés et vivent sur son territoire, obéissent à ses lois et travaillent à sa prospérité et à sa gloire.

La France est une des premières nations du monde pour les sciences et pour les arts. Elle est glorieuse et fière des grands hommes qu'elle a produits. C'est elle principalement qui a porté la civilisation dans les pays lointains; aussi partout le nom de la France est grand et respecté.

Il nous est glorieux de lui appartenir et nous devons travailler à la rendre de plus en plus prospère.

Comment cela, me direz-vous? — En remplissant chacun la carrière que la Providence nous a imposée. Les scl-dats, en la défendant contre l'ennemi qui voudrait l'attaquer, et vous, mes amis, en vous instruisant de votre mieux dans les écoles où vos bons parents vous envoient.

Chaque nation est représentée par un emblème appelé drapeau. Celui de la France est tricolore, c'est-à-dire de trois couleurs : bleu, blanc, rouge.

Aux fêtes nationales, le drapeau flotte sur nos monuments publics et, lorsque les soldats vont à la revue ou à la guerre, il est au milieu du régiment.

Le drapeau de la France est glorieux; car il a remporté bien des victoires et fait plusieurs fois le tour du monde.

Aussi, voyez comme les soldats sont fiers de le porter et de quelle vigilance ils l'entourent. C'est qu'ils savent que le drapeau est l'honneur du régiment, et que le perdre, c'est la honte.

Un jour, mes enfants, vous aurez aussi à vous ranger sous ses plis et à le protéger. Oh! alors, n'hésitez pas, défendez-le, s'il le faut, jusqu'à la mort.

D'ici à ce jour, instruisez-vous de votre mieux; et quand vous entendrez le tambour avec son fier et ardent *ran tan plan,* dites : La France, ma patrie, m'appelle; à elle, pour toujours, mon cœur, mon sang et ma vie!

A La France

O France, ô noble Patrie,
Honneur à jamais sur toi,
Dont la couronne est fleurie
D'amour, de fierté et de foi!

O France, ô noble patrie,
Immense Panthéon,
Nos voix ô mère chérie,
Vont aux cieux porter ton nom.

Vive la France!

G. Augé.

Conseils aux enfants.

Voici, chers enfants, dans ces dernières pages de votre livre, quelques conseils qui pourront vous être fort utiles

Vous les lirez bien souvent, mais les lire, ce ne serait pas assez, vous vous efforcerez de les mettre en pratique.

I

Le matin, vous vous lèverez promptement, et, après vous être lavés et mis en état de propreté, vous direz votre prière et saluerez vos bons parents.

II

Gardez-vous d'oublier votre prière; elle est le salut du chrétien au bon Dieu, lequel, en récompense, vous bénira, vous, vos parents et votre travail.

III

L'enfant chrétien fait le signe de la

croix avant et après le travail ; et, de temps en temps, pendant la journée, il élève son cœur vers le bon Dieu.

IV

Soyez bien polis envers vos parents. Parlez-leur avec respect, car ils sont les représentants du bon Dieu.

V

L'école est le sanctuaire de la vertu et du travail. Vous aimerez à y aller, et vous ne manquerez jamais la classe sans un motif sérieux, car c'est le seul moyen de faire de rapides progrès.

VI

Le Maître qui vous fait la classe représente vos parents. Vous lui obéirez comme à eux-mêmes et vous ferez tous vos efforts pour suivre ses conseils et profiter de ses leçons.

VII

Quand vous irez à l'école ou que vous en reviendrez, vous marcherez tranquillement dans les rues sans vous détourner. Vous saluerez les personnes de votre connaissance et ne ferez rien de répréhensible.

VIII

Que la plus grande propreté règne sur toute votre personne. Ayez le visage, les mains, la tête lavés et les cheveux bien peignés, On aime, sans le connaître, l'enfant bien tenu et bien poli ; il est si gracieux, si aimable !

IX

Ayez également bien soin de vos habits, ne les salissez pas, ne les déchirez pas en jouant. Vos mamans ont bien autre chose à faire que d'être occupées à les raccommoder. N'oubliez pas votre mouchoir de poche, et sachez vous en servir au besoin.

X

Soyez bons pour vos frères et vos sœurs, rendez-leur service autant que vous le pouvez ; gardez-vous surtout de leur faire de la peine sans sujet : ce serait l'indice d'un mauvais cœur. Si parfois ceux-ci se querellent, cherchez à les mettre d'accord, par vos paroles et par vos procédés honnêtes et charitables.

XI

Soyez toujours doux et affables dans vos paroles, et que jamais rien de grossier ne sorte de votre bouche.

Ne cherchez jamais dispute à vos camarades, encore moins à vos frères et à vos sœurs.

XII

Que jamais le mensonge ne souille

vos lèvres, car le mensonge est un péché, et le menteur s'avilit aux yeux de ses semblables.

XIII

Ne fréquentez pas les enfants vicieux; vous leur deviendriez semblables; une pomme gâtée corrompt celles qui l'environnent.

XIV

Il est des enfants qui sont portés à prendre le bien des autres. C'est une faiblesse des plus dangereuses et qui peut avoir des suites les plus regrettables.

Le vol est un crime qui déshonore et qui mène en prison.

XV

Tenez-vous bien à table; mangez proprement; contentez-vous de ce qu'on vous sert et dites merci.

La gourmandise est un vice ; la sobriété, une vertu.

Bien des enfants et même de grandes personnes ont été malades pour avoir trop mangé, mais jamais pour avoir pratiqué la sobriété.

XVI

Si, dans la rue, vous rencontrez une personne de votre connaissance, saluez-la poliment. Faites de même à l'égard de vos supérieurs, des prêtres, des vieillards, et gardez-vous d'insulter les malheureux ; vous ne pourriez vous plaindre s'il vous arrivait pis.

XVII

Quand vous entrez chez vous ou que vous en sortez, saluez les personnes présentes. On ne doit jamais entrer dans un appartement, chez les étrangers, sans frapper

XVIII

Lorsque quelqu'un vient chez vous, empressez-vous de le recevoir, si vos parents ne sont pas là ; offrez-lui un siège et débarrassez-le de ce qui pourrait le gêner.

Si un pauvre se présente chez vous et vous demande l'aumône, priez vos parents de vous permettre de lui donner la charité.

XIX

Soyez honnêtes envers tout le monde.

Au mot *oui*, ajoutez toujours le mot que la politesse commande : oui, papa, oui, maman ; oui, mon frère ; oui, ma sœur ; oui, ma tante ; oui, mon oncle, etc.

Envers les étrangers, ajoutez le qualificatif qui convient : oui, Monsieur, oui, Madame, oui, Mademoiselle, etc.

XX

Ayez un grand respect pour toutes

les choses saintes et ce qui se rapporte à la religion : croix, images, médailles et autres objets de piété.

XXI

Quand vous irez à l'église pour assister aux offices, vous vous y tiendrez bien, évitant de tourner la tête et surtout de causer avec vos camarades. Vous suivrez attentivement l'office dans votre livre, vous rappelant que l'église est la maison de Dieu.

L'enfant chrétien entre doucement dans l'église, prend de l'eau bénite, fait le signe de la croix, va à sa place sans bruit, dit ses prières avec piété, et suit attentivement l'office divin.

Il sort de l'église comme il y est entré et se rappelle, pendant la journée, le bonheur qu'il a eu d'entendre la sainte messe.

XXII

Le soir, avant de vous coucher, n'oubliez pas de saluer vos parents et de dire votre prière.

XXIII

Rappelez-vous, chers enfants, que la très sainte Vierge, mère du petit Jésus, est aussi celle de tous les chrétiens, et qu'à ce titre, elle aime particulièrement tous les enfants, mais surtout ceux qui sont bien sages.

XXIV

Pour vous garder et vous défendre, le bon Dieu vous a donné un Ange gardien. Aimez-le, respectez-le et priez-le souvent.

XXV

Aimez et vénérez saint Joseph. Il est le patron des familles chrétiennes. Et de même qu'il préserva l'Enfant Jésus de out péril, il vous sauvera des dangerst si nombreux qui environnent votre innocence et même votre vie.

XXVI

Avant de vous mettre au travail, invoquez le Saint-Esprit, afin qu'il répande sur vous ses dons : principalement la **Sagesse,** pour vous guider et vous maintenir dans le chemin de la vertu ; l'**Intelligence,** pour vous aider à profiter des leçons qui vous sont données ; et enfin la **Force,** pour vous aider à triompher des difficultés qui pourront se présenter et à devenir des enfants dignes de Dieu, et plus tard des hommes dignes de la patrie.

Ne demandez à Dieu ni grandeur ni richesse,
Mais, pour vous gouverner, demander la sagesse.

FIN

TABLE DES MATIÈRES

PREMIÈRE PARTIE

Lecture syllabique.

DEUXIÈME PARTIE

Lecture courante.

FABLES CONTENUES DANS CE VOLUME

EXERCICES DE GRAMMAIRE

EXERCICES DE CALCUL

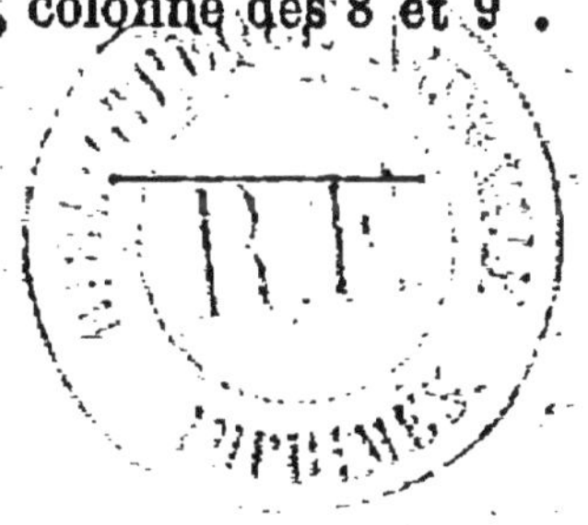

Paris-Lille, Imp. A Taffin-Lefort 14-8-20

www.ingramcontent.com/pod-product-compliance
Ingram Content Group UK Ltd.
Pitfield, Milton Keynes, MK11 3LW, UK
UKHW022049260726
13993UKWH00001B/15